SYNDICAT DES EXPORTATEURS

(COMMERCES ET INDUSTRIES D'EXPORTATION)

Siège social : 12, rue Cannebière. — MARSEILLE

RÉFORME

DES

Clauses d'Exonération
des Connaissements

❀ ❀ ❀

Compte-Rendu des Dépositions

faites par devant la *« Commission
interministérielle »*, instituée au
Ministère du Commerce.

(Juin 1905)

Imprimerie du *Sémaphore*, Barlatier,
Rue Venture, 17-19
Marseille.

SYNDICAT DES EXPORTATEURS

(COMMERCES ET INDUSTRIES D'EXPORTATION)

Siège social : Rue Cannebière, 12. — MARSEILLE.

Réforme des Clauses de Connaissements

DÉPOSITIONS DEVANT LA COMMISSION INTERMINISTÉRIELLE

I. — Commission permanente des Chargeurs français

La Commission permanente, chargée d'assurer la réalisation des résolutions du Congrès des chargeurs français d'octobre 1902, s'est réunie à Paris le 16 juin 1905, à 10 heures du matin, au siège de la Chambre du Commerce d'Exportation, 11, rue de la Grange-Batelière, gracieusement offert par cette Compagnie, sur la convocation de la délégation du Syndicat des Exportateurs de Marseille. Cette assemblée avait pour but de régler l'ordre et la bonne marche des dépositions à faire devant la Commission interministérielle, dont la constitution avait été obtenue au Ministère du Commerce par la Commission permanente, et qui avait convoqué les intéressés pour le même jour, dans l'après-midi.

En effet, cette Commission interministérielle, nommée en 1904, après s'être régulièrement constituée et avoir désigné Me Rodolphe Rousseau comme Rapporteur, a accueilli les demandes d'audition de tous les intéressés et spécialement du Syndicat des Exportateurs, des Chambres de Commerce et Syndicats commerciaux, du Comité des assureurs maritimes, et enfin du Comité central des Armateurs de France. Pour mieux montrer à la Commission interministérielle l'importance des intérêts en cause du côté des Chargeurs, la Commission permanente avait jugé utile de provoquer un grand nombre de dépositions et avait engagé tous les futurs déposants à préparer en outre des conclusions écrites.

Étaient présents à la réunion de la Commission permanente :

Pour le Syndicat des Exportateurs de Marseille :
MM.
ARTAUD, Président du Syndicat des Exportateurs ;
F. BOHN, Vice-Président du Syndicat des Exportateurs ;
L. YTIER, Secrétaire Général du Syndicat des Exportateurs ;
FOUQUE, Trésorier du Syndicat des Exportateurs.

Pour les Chambres de Commerce de :
Bordeaux : GRUET, ancien député, Membre de la Chambre de Commerce.
Dunkerque : TRYSTRAM, Sénateur, Président de la Chambre de Commerce ; Lesti WOUSSEN, Membre de la Chambre.
Le Havre : RŒDERER, Membre de la Chambre de Commerce.
Marseille : DESBIEF, Président de la Chambre de Commerce et ancien Président du Syndicat des Exportateurs, et ROLLAND, Membre délégué de la Chambre de Commerce (avec réserve de conclusions particulières).
Oran : Adrien ARTAUD, délégué.
Paris : BRUNNEL, Membre de la Chambre de Commerce.
Rouen : LACOSTE, ANQUETIL et MONTREUIL, Membres de la Chambre de Commerce (avec réserve de conclusions particulières).
Tunis : NARBONNE, délégué par M. HOMBERGER, Président de la Chambre de Commerce.

Pour les Syndicats Commerciaux :
Bordeaux : Union générale des Syndicats Girondins, représentée par M. GRUET ; Syndicat des Grains et Farines du Sud-Ouest, représenté par M. Emmanuel FAURE.
Dunkerque : Chambre Syndicale de Consignation, représentée par M. Lesti WOUSSEN.
Le Havre : Syndicat du Commerce des Poivres, représenté par M. RŒDERER.
Lyon : Union des marchands de Soie, représentée par M. VARENNE.
Marseille : Société pour la Défense du Commerce, représentée par M. YTIER, Vice-Président (sous réserve de conclusions particulières).
Syndicat des Importateurs de Céréales, représenté par M. VALENSI ;
Syndicat des Graines Oléagineuses, représenté par M. BOHN ;
Syndicat de l'Alimentation Marseillaise, représenté par M. TOY-RIONT ;

Syndicat des Huiles d'olive de la Ville de Marseille, représenté par M. Adrien ARTAUD, Président du Syndicat des Exportateurs ;

Syndicat du Commerce des Grains de Marseille, représenté par M. ARTAUD ;

Syndicat des Fabricants de Savons de Marseille, représenté par M. ARTAUD ;

Syndicat des Fabricants d'Huiles de Marseille, représenté par M. ARTAUD ;

Syndicat des Négociants en Vins, Spiritueux et Liqueurs de Marseille, représenté par M. ARTAUD ;

Paris : Chambre du Commerce d'exportation, représentée par M. FOURNIER, Président ; ALLAIN, Vice-Président, et FAUCONNIER, Membre délégué (avec réserve de conclusions particulières).

Chambre des Commissionnaires importateurs et exportateurs, représentée par M. GOUTRAUD, Président.

Chambre des Négociants Commissionnaires et du Commerce extérieur, représentée par M. COLLIGNON, avocat à la Cour d'appel ;

Chambre Syndicale des Grains, Graines et Farines, représentée par M. Georges LEFEBVRE.

Pour les Assureurs :

G. MABIRE, Président du Comité des Assureurs Maritimes de Paris, représentant aussi les Assureurs de Marseille, du Havre et de Bordeaux, et AUDOUIN, secrétaire.

Avocat-Conseil :

Mᵉ AUTRAN, avocat, docteur en droit, de Marseille.

Excusés :

Alger : Chambre de Commerce, M. RIGOLLET.

Nancy : Chambre de Commerce, M. VILGRAIN.

Cette : Société pour la Défense des Intérêts de Cette, M. PÉRIDIER.

Lyon : Union des Chambres Syndicales, M. CHEVROT.

M. FOURNIER, Président de la Chambre du Commerce d'Exportation, qui a bien voulu offrir l'hospitalité à la réunion, souhaite la bienvenue à tous les délégués et espère que la bonne entente entre les intéressés et l'unanimité des efforts permettront d'atteindre le but désiré. Il invite l'assemblée à former son bureau.

M. Adrien ARTAUD, Président actuel de la Commission permanente, en sa qualité de successeur de M. P. Desbief à la Présidence du « Syndicat des Exportateurs », prend place au fauteuil de la présidence, comme convocateur et pour expliquer le but de la réunion.

Il expose les démarches faites jusqu'à ce jour, l'état actuel de la question et les circonstances qui ont amené la réunion préparatoire actuelle, ainsi que la convocation officielle de l'après-midi. Il rend compte d'une visite faite la veille à M. Durand, Président de la Commission interministérielle, pour lui présenter les hommages des chargeurs appelés à déposer devant la Commission et aussi pour savoir comment la Commission interministérielle entendait organiser les auditions. M. Artaud a appris alors que la réunion serait contradictoire : les armateurs, les assureurs et les chargeurs étant présents ensemble. M. Durand a exprimé le désir de voir un seul chargeur parler au nom de tous, mais sur la demande de M. Artaud, il a admis que si la partie commerciale était confiée à un seul chargeur, la partie juridique fût exposée par Me Autran et aussi que chacun des représentants des Corps déposants pût développer rapidement des conclusions spéciales à son groupement ou à son industrie et les déposer sur le bureau de la Commission.

La Commission permanente aurait cru manquer à son mandat en ne préparant pas une déposition au nom de tous, déposition qu'elle soumet à l'assemblée par l'organe de M. Artaud. Voici le texte de cette déclaration dans sa forme définitive :

DÉPOSITION devant la COMMISSION INTERMINISTÉRIELLE instituée au Ministère du Commerce, de l'Industrie, des Postes et des Télégraphes, pour examiner s'il y a lieu d'apporter des modifications à la Législation sur les Connaissements, — pour soutenir l'avant-projet de loi AUTRAN, par M. Adrien ARTAUD, Président du Syndicat des Exportateurs de Marseille, aux noms de la Commission chargée d'assurer la réalisation des résolutions du *Congrès des Chargeurs Français*, tenu à Marseille les 2/4 octobre 1902, et des groupements ayant adhéré à ce Congrès, désignés ci-dessus avec les noms de leurs représentants :

« La Commission permanente, chargée de poursuivre la réalisation des résolutions prises par le Congrès des Chargeurs Français d'octobre 1902, qui, en novembre 1903, a demandé à M. le Ministre du Commerce et obtenu de lui la constitution de la Commission interministérielle chargée d'examiner s'il y a lieu d'apporter des modifications à la Loi sur le connaissement, a l'honneur d'exposer à cette Commission les raisons de fait sur lesquelles elle se fonde pour solliciter l'adoption de l'avant-projet de loi rédigé par Mᵉ Autran, en vue d'interdire l'insertion de toute clause d'irresponsabilité relative aux fautes commerciales de l'armateur et de ses préposés dans tout contrat de transport maritime et édictant, en cas de contravention à cette disposition, le paiement en faveur du chargeur du demi-fret convenu.

La Commission se bornera à exposer les raisons de fait, laissant à l'éminent promoteur et rédacteur du projet le soin de faire valoir les considérations de droit.

Tout d'abord la Commission estime devoir citer quelques-unes des exonérations provenant des clauses et devoir montrer certaines des conséquences iniques de ces suppressions de responsabilité.

Les Compagnies se réservent par exemple :

— De laisser séjourner à quai avant l'embarquement ou après le débarquement, les marchandises qui leur sont confiées sans avoir à se préoccuper des avaries partielles ou totales, des pertes et des déprédations qui peuvent être les conséquences de ce séjour. (Premières lignes du recto de tous les connaissements) (1). De négliger l'arrimage et même de ne pas s'en préoc-

---

(1) Faculté de laisser les marchandises à quai un temps équivalent à l'intervalle de un ou deux départs ou même un temps indéterminé.

Cette faculté résulte du libellé des premières lignes figurant au verso du connaissement :

De la *Compagnie Fraissinet* disant : « Il a été chargé sur le vapeur « français..........................., capitaine.................... ou sera chargé sur l'un « des suivants ».

La *Compagnie Mixte* : « Sur l'un des deux bateaux suivants ».

La *Compagnie Générale Transatlantique* : « Sur l'un des deux bateaux « suivants ».

La *Compagnie des Messageries Maritimes :* « Sur le suivant pour le « service des Indes et sur un des deux suivants pour le service de la « Mer Noire ».

cuper du tout (§ 2 de l'article 1ᵉʳ des clauses de connaissements de la Compagnie Mixte). (Article 5 et 21, Compagnie Fraissinet, etc. (1).

Nous nous sommes limités, faute de place, et pour ne pas lasser la patience de la Commission, aux connaissements de quatre Compagnies principales, mais les clauses des connaissements de toutes les Compagnies sont copiées les unes sur les autres et les exonèrent toutes des mêmes obligations.

— De conserver à bord les marchandises pendant plusieurs voyages successifs, sans avoir égard à l'urgence qu'il peut y avoir à leur remise à destination. (Article 9, Compagnie Mixte. — Article 12, Compagnie Fraissinet. — Article 8, Messageries Maritimes) (2).

---

(1) Exonération des vices d'arrimage.

Compagnie Mixte, article 1ᵉʳ § 2. — « La Compagnie ne répond pas des « baraterie, vices d'arrimage, etc... »

Compagnie Fraissinet, article 5. — « Le Chargeur déclare dispenser le « Capitaine et la Compagnie de faire procéder à aucune constatation « d'arrimage, etc., etc... »

Article 21, même Compagnie. — « La Compagnie ne répond pas des « baraterie, vices d'arrimage, etc., etc... »

Messageries Maritimes, article 11. — « Le Chargeur déclare s'en rap- « porter pour la constatation de l'arrimage à Marseille, etc., etc... »

« Dans les autres ports de transbordement ou de reste autre que celui « de Marseille, le Capitaine est dispensé de faire procéder à aucune « constatation d'arrimage ».

Compagnie Générale Transatlantique, article 11. — « Le Chargeur « déclare s'en rapporter pour la constatation de l'arrimage à Marseille, « etc., etc... »

« Dans les autres ports de transbordement ou de reste autre que celui « de Marseille, le Capitaine est dispensé de faire procéder à aucune cons- « tatation d'arrimage ».

(2) Faculté de garder les marchandises à bord pendant un ou plusieurs voyages suivant les besoins du service de la Compagnie, même pour une cause quelconque et ce, aux risques de la marchandise.

Compagnie Mixte, article 9. — « Lorsque par suite de nécessités du « service, des exigences des itinéraires de la Compagnie ou toute autre « cause, la marchandise ne sera pas débarquée à son port de destination, « le Capitaine est autorisé à la garder à bord pendant les voyages sui- « vants ou à la débarquer dans un autre port, d'où elle sera rapportée « ensuite sans que l'on puisse prétendre à aucune indemnité pour le « retard. Cette prolongation de voyage s'effectuera aux risques de la « marchandise, etc., etc...

Compagnie Fraissinet, article 12. — « Lorsque par suite d'une cause « quelconque, exigence du service ou toute autre cause, le débarquement « de la marchandise n'aura pas été effectué au port de destination, le « Capitaine et la Compagnie sont autorisés à la déposer, si la chose est

— De débarquer les marchandises où bon leur semble, de les laisser stationner un temps très long sur un point autre que leur destination et de ne les transporter à cette destination qu'à leur convenance, sans indemnité pour un retard ne dépassant pas trois ou quatre mois et sans responsabilité à l'égard des avaries (Article 9, Compagnie Mixte. — Article 11, Compagnie Fraissinet. — Article 8, Messageries Maritimes. — Article 13, Compagnie Générale Transatlantique) (1).

— De transporter sur des vapeurs de classe tout à fait inférieures ou même de transborder sur des voiliers, les marchandises pour lesquelles le Chargeur a payé un fret élevé, pensant que les marchandises seront toujours transportées par les vapeurs de 1ʳᵉ classe de la Compagnie qu'il a choisie (Article 6, Compagnie Mixte. — Article 14, de la Compagnie Fraissinet. — Article 7,

---

« possible, au port le plus voisin de son itinéraire, d'où elle sera rapportée
« par un des paquebots de la Compagnie ou par tous autres, ou par Che-
« min de fer, sans que l'on puisse prétendre à aucune indemnité pour le
« retard ; ou à ne la débarquer que dans le voyage de retour ou même
« la ramener au point de départ. Cette prolongation de voyage s'effec-
« tuera aux frais de la Compagnie mais aux risques et périls de la mar-
« chandise ».

Messageries Maritimes, article 8. — « Lorsque par suite de circonstance
« de force majeure, les nécessités du service postal ou des exigences des
« itinéraires de la Compagnie, la marchandise ne sera pas débarquée au
« port de destination, le capitaine est autorisé à la transporter à l'un des
« points suivants de son itinéraire, d'où elle sera rapportée ensuite sans
« que l'on puisse prétendre à aucune indemnité pour le retard qui en
« résultera. Cette prolongation de voyage s'effectuera aux risques de la
« marchandise ».

(1) Faculté de débarquer les marchandises ailleurs qu'à leur destination.
Compagnie Mixte, article 9. — « Lorsque, par suite des nécessités du
« service, des exigences des itinéraires de la Compagnie ou de toute autre
« cause, la marchandise ne sera pas débarquée à son point de destina-
« tion, le Capitaine est autorisé à la garder à bord pendant les voyages
« suivants ou à la débarquer dans un autre port d'où elle sera rapportée
« ensuite, sans que l'on puisse prétendre à aucune indemnité pour le
« retard ; cette prolongation de voyage s'effectuera aux risques de la
« marchandise quels que soient la voie suivie et les moyens de transport ».

Compagnie Fraissinet, article 12. — « Lorsque, par suite d'une cause
« quelconque, exigence du service ou toute autre cause, le débarquement
« de la marchandise n'aura pas été effectué, etc., etc... »

Messageries Maritimes, article 8. — « Lorsque, par suite de circonstances
« de force majeure, des nécessités du service postal ou des exigences des
« itinéraires de la Compagnie, la marchandise ne sera pas débarquée au
« port de destination, le Capitaine est autorisé à la transporter à l'un des
« points suivants de son itinéraire d'où elle sera rapportée ensuite, sans

Messageries Maritimes. — Article 14, Compagnie Générale Transatlantique) (1).

— De placer sur le pont, même sans en prévenir le Chargeur, des marchandises quelconques, délicates ou non, pour lesquelles le chargeur a payé le prix du transport en cale. Dans ce cas le chargeur ne peut absolument pas assurer les risques spéciaux du transport sur le pont dont ne répondent pas les armateurs en raison des clauses de leur connaissement et que ne couvrent pas les assureurs, non avertis de ce risque spécial que ne connaît pas le chargeur (Article 6 des connaissements de la Compagnie Mixte. — Article 11, Compagnie Fraissinet) (2).

« que l'on puisse prétendre à aucune indemnité pour le retard qui en « résulterait. Cette prolongation de voyage s'effectuera aux risques de 'a « marchandise ».

Compagnie Générale Transatlantique. — L'article 13 ne prévoit que les cas de force majeure, mauvais temps ou blocus. Il n'est donc pas critiquable.

(1) Faculté d'embarquer ou de transborder sur n'importe quel navire sans avis au chargeur.

Compagnie Mixte, article 6. — « La Compagnie se réserve la faculté de « faire embarquer ou transborder les marchandises avant ou après le « départ sur tout autre paquebot que celui désigné ci-dessus et même sur « les paquebots d'une Compagnie étrangère sans être tenue d'en prévenir « les chargeurs, etc... »

Compagnie Fraissinet, article 14. — « Le Capitaine et la Compagnie se « réservent la faculté de charger et de transborder en tous ports, en tout « temps, avant et après le départ, sur un autre navire de la Compagnie « et même sur un navire étranger, les marchandises à eux remises, etc... »

Messageries Maritimes, article 7. — « Le Capitaine se réserve la faculté « de charger ou de transborder en tout temps, même avant le départ, sur « un autre navire de la Compagnie et même sur un navire étranger, les « marchandises à lui remises ».

Compagnie Générale Transatlantique, article 14. — « La Compagnie se « réserve la faculté de charger et transborder en tout temps, avant ou « après le départ, sur un autre de ses paquebots que celui indiqué et « même sur un navire étranger, les marchandises à elle remises, etc... »

(2) Liberté de charger sur le pont au grand cabotage sans le consentement du Chargeur.

Compagnie Mixte, article 6. — « La Compagnie se réserve la faculté, « etc., etc. ; elle se réserve également pour les voyages au cabotage la « faculté de transporter les marchandises sur le pont sans avis préalable « au chargeur, etc... »

Compagnie Fraissinet, article 11. — « .... « Le Capitaine est autorisé à charger ses marchandises sur le pont sans « déclaration préalable au chargeur comme aussi, etc., etc... »

Compagnie des Messageries Maritimes (aucune mention).

Compagnie Générale Transatlantique (aucune mention).

— De mettre, contrairement à la loi, à la charge des expéditeurs par l'avarie commune, des frais de remorquage et d'assistance lorsque le navire se trouve immobilisé par une avarie de machine ou un cas fortuit sans que le navire se trouve en péril imminent, de même pour les dépenses d'allègement et de renflouement. (Article 2, § 2 des connaissements de la Compagnie Mixte. — Article 19, Compagnie Fraissinet. — Article 16, Compagnie Messageries Maritimes) (1).

Enfin, les Compagnies se donnent le droit, même pour des voyages de 24 ou 48 heures de ne livrer la marchandise égarée que trois et quatre mois plus tard. Et dans le cas où cette marchandise devient définitivement introuvable et où la perte ne peut être attribuée à aucune des nombreuses fautes dont la Compagnie s'exonère, les Compagnies fixent elles-mêmes arbitrairement le chiffre maximum de leur responsabilité, soit 2.500 francs par colis, graduellement réduit à 1.000 francs, puis à 100 francs. (Article 11, Compagnie Mixte. — Article 3, Compagnie Fraissinet. — Article 10, Messageries Maritimes et article 9, Compagnie Générale Transatlantique) (2).

---

(1) Dérogation à l'article 400 du Code de Commerce et à la Jurisprudence en matières d'avaries communes.

Compagnie Mixte, article 2, § 2. — « Par dérogation à l'article 400 du « Code de Commerce, dernier paragraphe, il est convenu que tous les « dommages soufferts et dépenses faites volontairement dans l'intérêt « commun du navire et du chargement à la suite de fortune de mer ou « d'évènement de navigation quelconque, fortuit ou fautif, seront classés « en avaries communes ».

Compagnie Fraissinet, article 19. — « Par dérogation à l'article 400 du « Code de Commerce et s'il y a lieu .... « sont considérés comme avaries communes et classés comme tels, toutes « dépenses, tous frais et tous sacrifices faits, exposés ou encourus par « suite des mesures prises dans l'intérêt commun du navire et de la « cargaison, même en dehors du cas de péril actuel ou imminent ».

(2) Retard, délai pour la livraison des manquants. — Maximum arbitrairement fixé par les Armateurs pour leur responsabilité en pareil cas.

Compagnie Mixte, article 11. — « La Compagnie se réserve un délai de « trois mois pour la recherche des colis manquants sans indemnité. Le « Capitaine ou la Compagnie en cas de perte dont ils aient à répondre ne « seront tenus de payer que, etc., etc... La responsabilité du capitaine et « de la Compagnie ne dépassera jamais 100 francs par colis ou un franc « par kilog .... « Il ne sera dû de dommages-intérêts que s'il est justifié d'un préjudice « et seulement dans la limite du montant du fret ».

Compagnie Fraissinet, article 3. — « La Compagnie et le Capitaine se

Pour terminer l'énumération des cas particuliers d'exonération, il faut citer celle des fautes du personnel, car en s'exonérant de ces fautes, les armateurs ont eu soin non seulement de les généraliser aux fautes de toute nature ! (fautes quelconques disent ces clauses), mais encore de les étendre à tous leurs employés quelconques, à toute personne employée par eux à quelque titre que ce soit à bord ou à terre, de sorte qu'il devient impossible de rendre effective l'apparence de responsabilité que sembleraient laisser aux Compagnies les autres clauses des con·naissements. Les Membres de la Commission connaissent tous suffisamment l'extension donnée par les tribunaux et les cours aux termes de barateries du capitaine, fautes, etc... pour qu'il soit nécessaire d'insister sur l'iniquité de ces exonérations générales. (Voir article 1er., Compagnie Mixte. — Article 21, Compagnie Fraissinet. — Article 2, Messageries Maritimes. — Article 8, Compagnie Générale Transatlantique) (1).

« réservent un délai de quatre mois, pour les recherches à faire pour les
« colis manquants sans indemnités. En cas de perte dont ils aient à
« répondre, etc., etc ....
« La responsabilité du Capitaine et de la Compagnie ne dépassera jamais
« 100 francs par colis ou un franc par kilog, etc ....
« Pour qu'il y ait dommages-intérêts, il faut qu'il y ait dans tous les cas
« préjudice établi et ces dommages-intérêts ne peuvent en aucun cas
« dépasser le montant du fret ».

Messageries Maritimes, article 10. — Le Capitaine ou la Compagnie,
« en cas de perte ou d'avarie dont ils aient à répondre, sont tenus, etc.,
« etc... Leur responsabilité étant limitée à 1.000 francs au maximum pour
tous colis dont la valeur n'aura pas été déclarée sur le connaissement...
« ....
« Il ne sera dû de dommages-intérêts que s'il est justifié d'un préjudice et
« seulement dans la limite du montant du fret ».

Compagnie Générale Transatlantique, article 9. — « En cas de perte
« ou d'avarie dont il ait à répondre, le Capitaine ne sera tenu de rembour-
« ser que la valeur intrinsèque calculée au port de charge sans domma-
« ges-intérêts et sans qu'en aucun cas ce remboursement puisse excéder
« 2.500 francs par colis pour tout colis perdu.
« Il ne sera dû de dommages-intérêts que s'il est justifié d'un préjudice.
« Le montant ne pourra dépasser le maximum fixé par le présent article ».

(1) Exonération des fautes ou actes quelconques du personnel naviguant ou employé à terre.

Compagnie Mixte, article 1er, § 2. — « La Compagnie ne répond pas des
« barateries, vices d'arrimage, fautes ou négligences quelconques du
« Capitaine, des pilotes, des mécaniciens, des hommes d'équipage ou de
« toutes autres personnes embarquées à bord du navire ou des chalands

Il est inutile de faire ressortir aux Jurisconsultes éminents et aux hommes pratiques composant la Commission, quel trouble apportent dans la gestion des affaires commerciales, dans la répercussion des responsabilités, de pareilles dérogations au droit commun, dérogations dont la liste n'est jamais arrêtée, toute éventualité imprévue amenant la rédaction d'une nouvelle clause.

Les procès nécessités pour la réparation des dommages ressortant de ces clauses sont innombrables et nous ne pouvons pas nous lancer même dans la simple énumération des principaux.

Nous tenons cependant à vous citer une affaire particulièrement typique.

Le 27 décembre 1900, M. Piétri remet à M. Padovani, de Bastia, transitaire, divers colis avec mission de les lui expédier de cette ville à Versailles.

M. Padovani emprunte nécessairement, puisqu'il est dans une île, le concours d'un service maritime, celui de la seule Compagnie desservant l'île, la Compagnie Fraissinet, et la marchandise part par le vapeur *Cettori*.

La Compagnie Fraissinet ne retrouve un de ces colis que 20 mois après à Port-au-Prince en Haïti, d'où elle le fait revenir pour le mettre à la disposition des intéressés, en avril 1902.

Piétri assigne Padovani en dommages-intérêts devant le Tribunal de Commerce de Bastia et obtient 526 fr. 85 comme réparation du dommage subi et frais de l'instance.

« et gabarres *à quelque titre que ce soit* ou employées à quelque titre
« que ce soit sur les quais, dans les magasins et hangars de la Compagnie
« et quelles qu'en soient les conséquences, etc... »
Compagnie Fraissinet, article 21. — « La Compagnie ne répond pas des
« baraterie, vices d'arrimage, négligences ou fautes quelconques des
« capitaines, des hommes d'équipage, mécaniciens, chauffeurs, ou de
« toutes autres personnes embarquées ou travaillant à bord du navire ou
« des chalands, allèges ou gabarres ou à terre ou dans les magasins ou
« hangars *à quelque titre que ce soit*, tant dans l'exploitation commer-
« ciale que pendant la navigation, etc., etc... »
Messageries Maritimes, article 2. — « La Compagnie ne répond pas des
« fautes ou négligences quelconques de ses capitaines ni de celles des
« pilotes, marins ou autres personnes embarquées à bord de ses navires
« *à quel titre que ce soit* ».
Compagnie Générale Transatlantique, article 8. — « La Compagnie ne
« répond pas des barateries, fautes ou négligences quelconques du Capi

Padovani se retourne contre la Compagnie Fraissinet, qui lui offre pour tout dédommagement, en raison des clauses de ses connaissements, 38 fr. 75 montant du fret perçu.

Le Tribunal de Commerce de Marseille, par jugement du 30 décembre 1902, a condamné la Compagnie Fraissinet par des attendus sur lesquels nous appelons toute l'attention de la Commission, à tenir compte à Padovani des 526 fr. 85 de dommages auxquels celui-ci avait été condamné, dépens à la charge de la Compagnie Fraissinet.

Appel a été fait de ce jugement, et Padovani est resté finalement chargé des dommages-intérêts qu'il ne doit que comme responsable des fautes commerciales des préposés de la Compagnie Fraissinet, fautes commerciales à la responsabilité desquelles échappe le mandant immédiat de ces préposés.

Après cette espèce tout à fait caractéristique et qui se reproduirait tous les jours si la certitude de perdre en appel ne décourageait les justiciables, signalons un fait permanent :

Un expéditeur de spiritueux est responsable vis-à-vis de l'Administration des contributions indirectes de la bonne arrivée à destination, sauf évènements de mer, des marchandises qu'il exporte, et en cas d'opérations avec l'Algérie ou la Corse, il est passible des doubles droits sur tous manquants que ne justifie aucun évènement de mer.

Si le transporteur n'échappait pas à la responsabilité de ses fautes commerciales, la responsabilité de l'expéditeur serait couverte par celle de la Compagnie, mais cette dernière s'est exonérée elle-même de toute responsabilité et sa prétention a été admise.

« taine, du pilote, des marins ou de toute autre personne embarquée à « bord du navire ou chaland ou gabarre *à quelque titre que ce soit* ».

Commencement et fin de la responsabilité des Compagnies

Messageries Maritimes, article 5. — « ...L'embarquement des marchandises, qu'il s'effectue par les soins des chargeurs ou qu'il soit opéré par le Capitaine ou la Compagnie, par un batelier ou un entrepreneur de leur choix, a toujours lieu aux frais, risques et périls de la marchandise ».

Compagnie Générale Transatlantique, article 4. — « ...Ils n'assument aucune responsabilité pour les risques des marchandises et valeurs en allèges, dans les magasins avant et à l'embarquement ou au débarquement ni pour les risques, etc... »

Article 10. — L'embarquement et le débarquement seront toujours faits par le Capitaine et sauf convention contraire aux frais et risques du destinataire, etc... »

Il s'ensuit que l'expéditeur a tout sujet de trembler quand il fait une expédition de spiritueux, car les droits dont il est responsable en cas de soustraction commise hors de sa vue et de son contrôle, représentent souvent plusieurs fois la valeur totale de son expédition.

N'est-il pas vrai que le droit commun n'existe plus lorsqu'il n'est pas commun à tous sans distinction !

Nous vous avons cité quelques clauses et certaines des conséquences de leur admission ; voyons sur le terrain des faits, si la liberté contractuelle en raison de laquelle elles ont été admises, joue dans leur insertion dans le contrat de transport.

Nous affirmons énergiquement que non.

Tout d'abord aucun contrat de transport n'intervient.

Le transitaire Padovani cité plus haut, pouvait-il discuter avec la Compagnie Fraissinet, les conditions d'expédition du colis qu'il avait mandat d'acheminer à Versailles ?

Pouvait-il attendre, pour faire cet envoi, qu'un accord modifiant les clauses fût intervenu entre la Compagnie Fraissinet et lui et avait-il le moyen d'obtenir cet accord ?

La conformité quasi-littérale des clauses sur tous les connaissements de vapeur montre l'entente sur ce terrain de toutes les compagnies, et nos instances collectives qui, depuis un quart de siècle, sont infructueuses, montrent bien que la liberté des conventions entre chargeurs isolés et transporteurs, en ce qui concerne les clauses d'exonération, est un vain mot.

Si toutes les compagnies françaises desservant toutes les destinations du monde sont d'accord, combien ne le sont pas encore davantage pour les clauses spéciales à chaque destination, les compagnies entendues pour les desservir.

Tout le monde connaît l'absorption, au cours d'une seule année, par deux compagnies desservant l'Indo-Chine des deux autres compagnies, absorption qui s'est faite du plein gré de ces dernières.

Comment peut-on croire que lorsque de pareilles ententes se font entre des entreprises d'une importance aussi considérable, ces ententes n'iront pas jusqu'à imposer aux chargeurs isolés la loi des compagnies, restée seule maîtresse du terrain ?

Les clauses offrent-elles le moindre caractère d'un accord librement consenti ? Voit-on couramment des articles rayés et d'autres acceptés ? Comprennent-elles la moindre condition favorable aux chargeurs ?

Rien de ce qui a le caractère d'une libre convention ne les distingue. Elles constituent exclusivement une oppression.

Nous ne croyons pas nécessaire de pousser plus loin la démonstration d'une vérité implicitement reconnue par les armateurs le jour où ils ont subordonné la suppression des clauses à une entente internationale pour que l'armement Français ne fût pas, disaient-ils, sur un pied d'infériorité.

Nous allons discuter ce que nous appellerons l'argument international, mais il nous sera permis auparavant de prendre texte de cet argument lui-même pour bien démontrer que, dans cette circonstance, la liberté contractuelle qui se serait suffi à elle-même si elle avait existé en fait, n'a pas été invoquée.

Venons-en à l'argument international, que nous avons hâte de discuter, car il domine le débat, au point de vue faits, duquel nous considérons exclusivement la question.

Le fait d'abandonner les clauses constitue-t-il une infériorité ou une supériorité ? Serions-nous la première nation qui, sans nous préoccuper de ce que font les autres marines, considérerions comme un avantage de revenir au bon ordre et à l'équité ?

L'Harter Act des Etats-Unis date du 13 février 1893. La jurisprudence Italienne condamnant certaines clauses d'exonération, offre des décisions depuis le 12 mars 1894 (1). Les règles générales approuvées pour être adoptées par les Chambres de Commerce de Hambourg et de Brême datent de 1886. Nous ne citons que pour mémoire la Commonwealth d'Australie qui vient de supprimer les clauses.

Ces initiatives hardies et dont certaines sont déjà anciennes, nous permettent de juger de leur effet international et aussi de leur effet sur les Compagnies soumises à ce régime.

Les tribunaux étrangers ont fait application de la Loi Américaine, sans la moindre hésitation ni la moindre difficulté comme le prouvent les treize décisions citées par Mᵉ Autran dans sa réponse aux consultations demandées par les armateurs.

Deux Compagnies Françaises y sont soumises : la Compagnie Générale Transatlantique partant du Havre, et la Compagnie Cyprien Fabre partant de Marseille, et n'ont pas l'air d'en souf-

_____

(1) Nous apprenons qu'une des Cours de cassation d'Italie, celle de Turin, vient de modifier sa jurisprudence, et d'admettre les clauses, mais cela n'infirme en rien l'argument que l'on peut tirer de la prospérité de la marine italienne pendant les dix années au cours desquelles la jurisprudence de ce pays a rejeté les clauses.

frir, car depuis 1893 le tonnage de la flotte de la première destinée à ce service s'est accru sensiblement.

Des compagnies anglaises ont trouvé intérêt à abandonner les clauses et enfin, quatre compagnies allemandes de première importance, la Norddeutscher Lloyd, la Hambourg-America Linie, la Deutsch Ost Africa Linie et la Compagnie Woermann s'y sont soumises *de leur plein gré.*

Nous annexons à la présente déposition les connaissements des services Méditerranéens allemands et de la Compagnie Woermann.

Il en ressort une négation absolue de l'affirmation d'infériorité pour une Compagnie soumise aux clauses de responsabilité.

Les services méditerranéens sur l'Egypte effectuent une navigation de concurrence, mais le service de la Compagnie Woermann répond d'une façon plus décisive encore, car il dessert une région où nous sommes prépondérants, une région coloniale française.

Quel est le résultat des clauses libérales pour cette Compagnie?

Nous sommes au désespoir de le dire, mais cacher la vérité serait en l'occurence plus néfaste que de l'avouer. Le résultat est une attraction immense sur les chargeurs, sur les passagers et à tous égards. Qu'on examine si le fret qui va à la Compagnie allemande est exclusivement du fret privé et l'importance de l'anomalie permettra de mesurer cette force d'attraction qui s'exerce même sur des intérêts administratifs coloniaux !

Cette conséquence est fatale. Du moment qu'une Compagnie est responsable des faits et gestes de ses préposés, elle les choisit compétents, vigilants, attentionnés même et tout, jusqu'à la propreté du bord, s'en ressent !

Lequel des deux services se trouve dans un état d'infériorité ? Celui qui rebute le fret et les passagers ou celui qui les attire ?

On répond à cela qu'on peut faire bien des choses quand on compte sur une intervention toute puissante.

Mais la marine française ne reçoit-elle pas des encouragements, des subventions, des primes et ne peut-on pas au moins imposer aux compagnies subventionnées ou encouragées par des primes et à l'occasion du vote de nouvelles primes ou subventions, ce qui est ailleurs la conséquence et la compensation des encouragements et des faveurs ?

Nous avions demandé que les compagnies subventionnées fussent tenues de supprimer les clauses et nous le croyons d'autant plus juste que l'Etat stipule pour lui en pareil cas, la suppression de ces clauses, et même de celles qui prévoient les fautes

2

nautiques. Cela doit être la conséquence de toute faveur, de toute prime, de toute subvention, en attendant le retour au droit commun.

Vous avez mission de peser les titres qu'ont les chargeurs à ce droit commun, que la loi Rabier vient d'édicter pour les Transports terrestres après une large discussion et une évolution de l'opinion publique dont vos puissants esprits ne peuvent pas manquer de tenir un grand compte.

Or, le législateur avait à prononcer pour les chemins de fer entre des intérêts opposés tous deux exclusivement français. Vous avez à décider, vous, entre l'intérêt des chargeurs et celui des transporteurs français et les transporteurs français n'absorbent que le 20 % du fret national.

En d'autres termes, vous avez d'un côté un intérêt national de cent et en face deux intérêts opposés, dont l'un, étranger, atteint la proportion de quatre-vingt et dont l'autre, national, vaut vingt. Où est le véritable intérêt national ?

Nous savons bien que l'intérêt national représenté par cent est un intérêt considéré comme purement économique et que l'intérêt national de vingt est considéré comme un intérêt national de premier ordre, mais c'est au nom de cet intérêt national de premier ordre que nous vous demandons de remédier à une situation sous l'empire de laquelle l'armement national a périclité de la façon qu'accusent les chiffres.

Plus il ira dans cette voie, plus il devra péricliter, car il ne retient le chargeur que par la nécessité et sous cette oppression peu à peu, les chargeurs succombent.

Le commerce étranger balance dans nos propres colonies le commerce français et il faut faire cesser le privilège que lui assure la libéralité, inconnue pour nous, des clauses de transport étranger.

Le commerce national donne les 4/5 de son fret à l'armement étranger, attiré par les avantages que lui fait l'étranger, et les chargeurs nationaux rivés aux compagnies françaises par la navigation réservée, succombent peu à peu.

Cet intérêt est aussi national que l'intérêt de l'armement, car tout chargeur qui disparaît entraîne une réduction d'activité dont tout le pays se ressent ; tout chargeur contraint, pour ne pas abandonner la lutte, à accepter le transport de ses marchandises par navire étranger, les dénationalise en quelque sorte et renforce indirectement la situation commerciale de ses concurrents étrangers.

Enfin, tout chargeur étranger qui, à la faveur de conditions plus libérales, au moyen de la sécurité qui nous fait défaut, nous évince du commerce de concurrence et à plus forte raison du commerce de nos colonies, réduit notre rayonnement extérieur, atténue notre influence et porte atteinte à tous les intérêts nationaux de l'industrie, du commerce, du transit, du capital et de la main-d'œuvre.

L'armement a déclaré à plusieurs reprises qu'aucune subvention, qu'aucune prime ne valait pour lui du fret et c'est ce que nous vous demandons de lui conserver.

Mais, disent les armateurs, ces dangers des clauses que vous exagérez si fort, n'en êtes-vous pas couverts par les assureurs, même aujourd'hui ?

Cette question mérite d'être discutée. Le plus ou moins de condescendance pour un ancien client de tel ou tel assureur, en admettant qu'il pût être cité, ne prouve rien contre le danger de clauses dont la nature échappe à l'assurance par le chargeur.

L'assurance a pour but de garantir un risque incertain et la prime est l'expression du risque.

Comment couvrirait-elle les conséquences certaines et illimitées de l'incurie des préposés de l'armateur et quelle prime pourrait représenter ce risque ?

L'assurance n'est qu'une division, une répartition à forfait sur toutes les expéditions d'un risque qui, en l'occurence, n'incombe pas au chargeur et qu'il ne doit pas plus payer par la prime que par les conséquences directes de l'évènement lui-même lorsqu'il se présente.

Enfin, il peut se produire telle circonstance dans laquelle le chargeur ne trouve pas d'assureur.

Mais il est des conséquences des clauses qui échappent radicalement à l'assurance. Le retard dans l'arrivée d'une marchandise d'adjudication expédiée à sa date et débarquée en cours de route, peut-il et doit-il normalement être assuré ?

Le laisser pour compte entraîné par le retard comporte-t-il un recours contre l'assureur ?

La perte ou le vol d'un colis faisant partie d'une série complète de colis destinés à former un même tout, par exemple des pièces de mécanique ou de charpente, peuvent occasionner au chargeur ou au destinataire un préjudice extrêmement grave et dont aucune assurance ne peut exonérer le chargeur.

Après tous ces arguments de fait, il ne nous en reste plus à citer qu'un et il nous paraît des plus pressants.

C'est en 1886 que MM. Félix Faure et Siegfried ont tenté pour la première fois de remédier à un mal déjà ancien.

Voilà donc vingt ans que nous attendons la réforme que nous sollicitons de votre esprit d'équité. Dans cet intervalle l'Allemagne, les Etats-Unis et l'Australie ont fait ce que la France avait la première conçu, et notre commerce, notre exportation, notre armement, ont lourdement subi les conséquences de ces atermoiements.

Nous vous demandons donc d'examiner l'avant-projet de loi de notre éminent Conseil M⁰ F.-C. Autran, non seulement à la lumière de vos connaissances juridiques et des considérations qu'il vous développera, mais à la lumière des faits, dont nous n'avons pu vous citer que quelques-uns constituant cependant à eux seuls une véritable oppression.

Nous avons toute confiance dans les bonnes dispositions de la Commission et dans son esprit d'équité et nous sommes convaincus qu'elle nous permettra, par la suppression des clauses, de trouver à bord des navires français, les garanties de sécurité que nous trouvons à bord des navires allemands et que les étrangers trouvent à bord de nos navires français desservant la côte Américaine.

Nous concluons donc très énergiquement à ce qu'il plaise à la Commission interministérielle d'adopter l'avant-projet de loi de M. F.-C. Autran. »

Au cours de cette lecture, un des assistants indique la nécessité qu'il y aurait à faire remarquer à la Commission Interministérielle que, bien que le travail comparatif ne soit fait que sur les quatre principaux connaissements employés à Marseille, les clauses de tous les autres connaissements employés en France sont sinon identiques, au moins similaires.

M. GRUET demande au Président de vouloir bien citer le texte même des paroles de M. Lebon, actuellement Président du Comité Central des Armateurs de France, mais jadis partisan de la réforme.

M. ARTAUD répond qu'il y aurait tout avantage à se conformer au désir exprimé par M. Gruet, mais qu'il ne doit pas perdre de vue celui manifesté par M. Durand, Président de la Commission Interministérielle, de ne pas voir dégénérer les dépositions en discussions et pour cela d'en éliminer tout élément irritant.

M. FAUCONNIER demande au Président d'insister tout particulièrement sur le côté « Assurance », d'indiquer que le chargeur ne doit pas être contraint de s'assurer, qu'il doit pouvoir courir lui-même si bon lui semble tout ou partie des risques de fortune de mer, mais que les armateurs n'ont pas le droit d'aggraver ces risques de leur propre autorité et d'une façon illimitée, et qu'il y a en outre des risques qui ne peuvent pas s'assurer.

Mᵉ AUTRAN appuie cette déclaration et ajoute qu'on pourrait également indiquer la perte permanente occasionnée par la franchise.

M. VALENSI appuie les propositions de MM. Fauconnier et Autran.

M. Paul DESBIEF expose que ce sont là deux contrats bien distincts et qu'il faudrait que le contrat de transport fût exécuté par l'armateur avec ses obligations, contre lesquelles il n'y a aucune précaution à prendre. Les deux contrats ne doivent pas être subordonnés pour exister. Il cite l'exemple de certaines assurances terrestres qu'il a été dans l'impossibilité de réaliser complètement à n'importe quel prix.

Mᵉ AUTRAN prend la parole pour appuyer cette motion.

M. le Président ARTAUD reprend la lecture de la déposition proposée.

Mᵉ AUTRAN demande à préciser ce point : que c'est justement parce qu'on peut s'assurer, que la Cour de Cassation a validé les clauses.

M. DESBIEF demande que soit très clairement et énergiquement énoncé le principe supérieur qu'il n'est pas juste d'obliger le chargeur à s'assurer à ses frais contre des fautes qu'il ne dépend que de la volonté du transporteur de réduire ou de multiplier.

La lecture du nouveau texte présenté par le Président ARTAUD donne satisfaction à l'assemblée.

MM. GRUET et FAUCONNIER, d'accord avec plusieurs membres de l'assemblée, demandent au Président de vouloir bien indiquer qu'il est connu que la Jurisprudence Italienne a été modifiée depuis le Congrès de 1902.

A un passage relatif au non-remboursement du fret en cas de sinistre, Mᵉ AUTRAN, estimant que le paiement du fret des marchandises, même en cas de perte, est passé dans les mœurs et considéré aujourd'hui par le public comme relativement légitime, craint que cet argument ne donne à la contradiction une prise trop facile, qui affaiblirait la portée d'autres imputations plus sérieuses de la déposition. L'Assemblée, partageant cet avis, décide de ne pas parler du fret à ce point de vue.

M. LACOSTE demande à appuyer la déposition de quelques considérations. Il indique tout particulièrement la nature de l'attitude prise par la Chambre de Commerce de Rouen à cette occasion. Cette Chambre de Commerce, ayant en effet décidé de déléguer avec M. Lacoste deux autres membres de sa Compagnie, les a pris parmi les armateurs de Rouen : ce sont MM. Anquetil et Montreuil.

M. LACOSTE ajoute que le sentiment de la Chambre de Commerce de Rouen est que, quoique les clauses actuelles des connaissements soient iniques, il est admis aujourd'hui que le fret acquis à tout évènement est justifié par les dépenses nécessaires pour mettre un navire en état de naviguer, c'est-à-dire par la *mise dehors*, qui constituerait pour l'armateur une perte absolue si après naufrage il était obligé de rembourser le fret aux chargeurs ; ceux-ci ont du reste la faculté d'ajouter le montant du fret à l'assurance.

M. YTIER fait remarquer que les armateurs auraient cependant un moyen bien simple de parer à la perte du fret, précisément au moyen de l'assurance, dont les armateurs recommandent si ardemment l'emploi aux chargeurs.

M. le Président ARTAUD fait observer que si l'assemblée, dans un but de conciliation, a décidé de ne pas retenir la clause du maintien du fret intégral en cas de sinistre, ce maintien intégral d'un fret qui n'est que partiellement gagné ne se justifie pas en principe.

M. DESBIEF, tout en reconnaissant le bien-fondé des observations présentées par M. Artaud à l'égard du fret, exprime le désir formel de voir l'assemblée et la déposition rester sur le terrain absolu des clauses d'irresponsabilité en matière de fautes commerciales, qui constitue le mandat véritable reçu par la Commission permanente du Congrès des Chargeurs.

MM. AUTRAN et VALENSI appuient cette motion.

M. DESBIEF insiste, indiquant le danger qu'il y aurait d'introduire dans le débat des éléments étrangers à la discussion.

Il est décidé d'une façon définitive d'exclure la question du fret de la déposition.

M. BRUNNEL, de la Chambre de Commerce de Paris, demande si les clauses citées dans le rapport de M. Artaud sont exactement conformes à celles trouvées dans les connaissements. Il lui est mis immédiatement sous les yeux les connaissements originaux contenant les dites clauses.

M. Valensi fait un parallèle entre les Compagnies de navigation régulières et les armateurs particuliers, pour faire ressortir que si avec ces derniers le chargeur qui traite par charte-partie peut toujours discuter les conditions de son contrat et fixer les responsabilités du transporteur, il n'en est pas de même avec les Compagnies de navigation régulières, qui ont quelquefois un monopole de fait sur la ligne qu'elles desservent et qui en profitent même pour ne pas donner un véritable connaissement, mais un simple récépissé.

M. Fauconnier exprime la crainte qu'il y ait de la part des armateurs quelques représailles et que l'acceptation de la loi demandée ne provoque de la part des armateurs une sévérité plus grande. Il cite à cet effet les propres paroles d'un récent discours de M. Lebon, tendant à laisser croire que les armateurs ne font pas toujours usage des clauses de connaissements et qu'ils ne les ont insérées dans les connaissements que pour se garer contre les fraudes des négociants malhonnêtes.

L'assemblée est d'avis contraire, l'expérience ayant démontré à chacun qu'à l'heure actuelle les Compagnies de navigation font un usage global et constant des avantages que constituent pour elles les clauses de connaissements.

M. Faure fait remarquer que la plupart des connaissements ne sont que de simples récépissés de marchandises et cite le cas d'un procès gagné, plaidé par Mᵉ Autran à ce sujet.

Mᵉ Autran prend la parole pour exposer la portée de la clause « du navire suivant ou des navires suivants » et précise que l'on peut cependant s'exonérer de cette clause en faisant à l'occasion des contrats spéciaux avec les Compagnies pour les engager formellement à charger sur un navire partant à date déterminée.

M. Faure répond que les Messageries Maritimes ne font jamais de contrat ferme à ce sujet.

M. Desbief présente de nouveaux quelques objections sur les déviations du débat et la nécessité qu'il y aurait de se renfermer dans le mandat reçu du Congrès des Chargeurs.

M. Toy-Riont expose la nécessité qu'il y aurait de s'élever contre la mention usuelle portée par les capitaines ou armateurs au bas des connaissements au sujet des poids, quantités, « que dit être poids et contenu inconnus. »

Mᵉ Autran fait observer la grande difficulté qu'il y aurait pour un armateur à faire la vérification du poids, de la qualité et du contenu de chaque colis. Quant à la question de la quantité, elle est au moins difficile pour les chargements en vrac ;

tout au plus pourrait-on l'exiger pour les chargements en unités, sacs, balles ou barriques.

Pour la parfaite édification de M. Toy-Riont, le président ARTAUD relit in-extenso le projet de loi Autran.

M. TOY-RIONT insiste sur sa situation spéciale par suite du mandat qu'il a reçu de son Syndicat, lequel s'oppose à toute espèce de clause ayant pour conséquence de faire retomber sur le chargeur le fardeau de la preuve.

M. VALENSI résume finalement la situation en indiquant que le projet de loi Autran, tel qu'il est présenté et appuyé par la réunion, ne doit constituer qu'une première étape et qu'on pourra reprendre ensuite la question des garanties désirées par M. Toy-Riont et par les autres Syndicats sur certains points particuliers à chacun d'eux.

M. le Président ARTAUD, après avoir terminé sa lecture, donne l'énonciation de tous les Syndicats et délégués au nom desquels la dite déclaration sera faite.

M. DESBIEF, en sa qualité de Président de la Chambre de Commerce de Marseille, déclare que tout en approuvant dans le fond et la forme les déclarations de M. Artaud, il est obligé de s'en référer d'une façon absolue à la résolution particulière prise par la Chambre de Commerce qu'il représente et dont M. Rolland veut bien donner lecture.

M. DESBIEF annonce également que sur le désir exprimé par un des hauts fonctionnaires du ministère du Commerce, il s'abstiendra d'assister à la séance de l'après-midi et laisse à M. Rolland, malgré le désir contraire exprimé par celui-ci, le soin de représenter seul sa Compagnie.

Tous les membres présents et énumérés plus haut déclarent approuver la déposition lue par le Président ARTAUD.

Quelques délégués expriment le désir de déposer des conclusions particulières, aux noms des groupements qu'ils représentent.

C'est ainsi que déposeront leurs résolutions personnelles : la Chambre de Commerce de Rouen, la Société pour la Défense du Commerce de Marseille, la Chambre du Commerce d'Exportation de Paris, la Chambre des Négociants Commissionnaires, le Comité des Assureurs Maritimes, le Syndicat des Grains et Farines de Bordeaux, le Syndicat de l'Alimentation Marseillaise, le Syndicat des Négociants en Gros en Vins et Liqueurs de Marseille.

Plus rien n'étant à l'ordre du jour, la séance est levée et rendez-vous est pris pour l'après-midi, au Ministère du Commerce.

II.— Première Séance de la Commission interministérielle

La séance est ouverte le 16 juin à 2 h. 3/4, au Ministère du Commerce, rue de Varenne, 80, sous la présidence de M. DURAND, Conseiller à la Cour de Cassation.

Voici la composition de la Commission interministérielle, chargée par arrêté du Ministre du Commerce du 13 février 1904 d'examiner s'il y a lieu d'apporter des modifications à la loi sur le connaissement :

MM.

DURAND, Conseiller à la Cour de Cassation, *Président.*

COLSON, Conseiller d'Etat, *Vice-Président ;*

PAILLOT, Directeur des Affaires civiles et du sceau au ministère de la Justice ;

ROUSSEAU, Rodolphe, Avocat à la Cour d'Appel de Paris ;

RENAULT, Louis, Jurisconsulte du ministère des Affaires étrangères.

DE CAZOTTES, Sous-Directeur des Affaires commerciales au ministère des Affaires étrangères ;

DE JOUVENEL, Directeur du cabinet du ministre du Commerce et de l'Industrie ;

CHAPSAL, Directeur du Commerce et de l'Industrie au Ministère;

FROMAGEOT, Avocat à la Cour d'Appel de Paris ;

HERMAN, Directeur de l'Exploitation postale au Ministère ;

TACONET, Président du Comité des Courtiers maritimes de France ;

DROUETS, Sous-chef de bureau de la Législation commerciale et industrielle et des Chambres de Commerce au Ministère du Commerce et de l'Industrie, *Secrétaire.*

Sont présents, outre les membres de la Commission : tous les délégués des Chargeurs et des Chambres de Commerce, les délé-

gués des Assureurs, M° AUTRAN et, pour les Armateurs, M. le
comte ARMAND, président du Syndicat marseillais de la Marine
marchande, M. H. ESTIER, M. H. GIRAUD et M. DAL PIAZ.

M. le Président DURAND expose le mandat précis donné à la
Commission Interministérielle par la décision qui l'a constituée. Il donne ensuite la parole à M. Artaud, qui lui paraît avoir
qualité pour parler au nom du plus grand nombre des
chargeurs.

M. ARTAUD remercie M. le Président et expose la nécessité
qu'il y a pour les Chambres syndicales, ou tout au moins pour
quelques-unes d'entr'elles, de déposer des conclusions particulières à chacune, en dehors de la discussion juridique à laquelle
M° Autran a seul qualité pour se livrer.

Cette déclaration ayant eu l'assentiment du Président, M.
ARTAUD donne lecture de sa déposition, reproduite plus haut
(page 6). Cette déposition est écoutée très attentivement par toute
l'assistance.

M. LE PRÉSIDENT demande si personne n'a de questions à
poser à M. Artaud ou aux chargeurs.

M° FROMAGEOT demande si le fret des Compagnies Allemandes dont les connaissements contiennent les clauses de pleine
responsabilité pour les fautes commerciales est plus cher ou
meilleur marché que les autres.

M. ARTAUD répond que les taux de fret de ces Compagnies
sont plus bas que ceux des Compagnies Françaises.

M. H. ESTIER précise qu'en effet ces taux sont bien meilleur
marché et qu'il se réserve d'en expliquer la raison.

M. TACONET demande le nom des Compagnies allemandes
desservant les diverses lignes de la Méditerranée et de l'Océan
Atlantique.

Il lui est indiqué qu'il s'agit pour la Méditerranée de la Norddeutscher Lloyd, de la Hamburg America Linie et de la Deutsche
Ost Afrika Linie et de la Compagnie Wœrmann pour l'Océan.

M. TACONET exprime le désir d'avoir une copie de la déposition faite par M. Artaud au nom des Chargeurs Français.

Il est entendu que cette déposition sera tirée à plusieurs exemplaires et distribuée à tous les membres de la Commission.

Aucune autre question importante n'étant posée, M. LE PRÉSI-
DENT remercie M. Artaud, lequel dépose en outre les conclusions

particulières du *Syndicat des Négociants en gros en Vins, spiritueux et liqueurs de la Ville de Marseille.*

La parole est donnée alors à M° AUTRAN, avocat-conseil des Chargeurs. Celui-ci expose d'une façon très lumineuse le côté juridique de la question ; il fait ressortir la légitimité des revendications des chargeurs, appuie énergiquement leur demande, et cite l'exemple typique des manquants en quantité de chargement en balles ou en sacs, manquants dont les armateurs sont exonérés tout en encaissant le fret y relatif.

Cette substantielle démonstration est très attentivement écoutée et M. le PRÉSIDENT félicite chaleureusement M° Autran. Il demande si quelqu'un a des questions à poser.

Un membre de la Commission demande ce que pense M° Autran de la clause habituelle « poids et contenu inconnus. »

M° AUTRAN explique que cette clause n'a pas pour effet absolu la suppression de toutes responsabilités de la part des armateurs ; elle n'est que le renversement du fardeau de la preuve, incombant sans cela aux armateurs, qu'ils n'ont bien reçu que ce qu'ils livrent.

M. COLSON demande à M° Autran si avec la suppression de la clause d'attribution de juridiction recommandée par lui pour compléter son projet de loi, il y aurait un moyen facile d'exécuter les jugements rendus en France contre les Armateurs étrangers.

M° AUTRAN explique la facilité avec laquelle on peut faire opposition à la sortie d'un navire pour exécuter un jugement et tout au moins obtenir caution en attendant le dit jugement. En admettant le départ du navire, on peut mettre opposition au paiement du fret. Ce moyen est nécessaire lorsqu'il s'agit de navires irréguliers, n'ayant pas d'Agence dans le port de débarquement. Mais dans le cas où il s'agirait de Compagnies faisant un service régulier, M° Autran explique qu'on pourra toujours obtenir soit une caution du dit Agent, soit même reprendre le dit navire à son prochain voyage, ou enfin saisir le fret.

M. COLSON demande si en cas de manquant de quantités unitaires le Tribunal a l'habitude de valider les clauses de connaissements.

M° AUTRAN répond affirmativement, et cite à l'appui les arrêts Boulestin et Assouad et notamment ce dernier, dans lequel M. Assouad aurait reçu 7 balles de laine en moins que le nombre porté au connaissement et aurait finalement été débouté de sa demande contre les transporteurs, tout en ayant conservé l'obligation de payer le montant du fret intégral.

M. Colson demande si l'emploi du connaissement rouge offert par les armateurs ne serait pas suffisant pour satisfaire les chargeurs.

Mᵉ Autran répond que l'emploi de ce connaissement a été essayé sans succès, car on ne prévoit pas les accidents, les irrégularités. Il dit que le véritable remède n'est pas là, qu'il ne s'agit pas de tourner autour des véritables difficultés, qu'il vaut mieux les envisager en face et savoir quelles sont les obligations supérieures du transporteur. Il expose que tout en reconnaissant pour l'armement les difficultés toutes particulières de ce genre d'industrie, il n'est pas équitable de l'exonérer du manque de soin, du défaut de surveillance, de la nécessité d'avoir des employés et des mandataires fidèles, que l'abandon de telles obligations constituerait une tolérance tellement grave qu'elle finirait par être une véritable prime à la fraude et à la négligence. Il expose que ce sont ces habitudes de tolérance extrême qui ont acclimaté parmi les équipages et les mandataires de toute nature des Compagnies d'armement cet état d'esprit, cette ignorance du respect de la propriété d'autrui dont les armateurs eux-mêmes sont les premiers à souffrir, et qui occasionne des déprédations de toute nature. L'emploi du connaissement rouge ne répondrait à rien du tout ; il y a des fautes dont les conséquences ne peuvent s'atténuer ou disparaître et si l'armateur veut continuer à s'en exonérer, soit en les laissant à la charge du chargeur, soit en recevant comme compensation un fret supplémentaire, on ira de plus belle dans l'incurie et dans le désordre.

Mᵉ Autran ayant terminé sa déposition et répondu aux questions qui lui ont été posées, M. le Président demande si quelqu'un autre a une déposition à faire.

M. Rolland, au nom de la *Chambre de Commerce de Marseille*, lit ses conclusions particulières, les appuie de quelques considérations et les dépose sur le bureau du Président.

M. Gruet, au nom de la *Chambre de Commerce de Bordeaux*, appuie pleinement la déposition lue par le Président Artaud et ajoute quelques considérations fort intéressantes.

M. Lesti Woussen, au nom de la *Chambre de Commerce de Dunkerque*, et M. Rœderer, au nom de la *Chambre de Commerce du Havre*, déposent dans le même sens.

M. Lacoste, au nom de la *Chambre de Commerce de Rouen*, fait connaître son adhésion pleine et entière aux conclusions de la commission permanente lue par M. Artaud. Il explique, en outre, le mal particulier dont souffre la ville de Rouen à cause des chargements faits sur le pont, à l'insu des Chargeurs, indiquant très clairement qu'au début les chargeurs étaient soigneusement avertis par les armateurs de la mise sur le pont de leur marchandise, et qu'ils ne payaient en pareil cas que les deux tiers du fret, que plus tard les armateurs ayant unifié les frets mais appréciant la responsabilité supplémentaire qu'ils faisaient encourir aux chargeurs en mettant la marchandise sur le pont avaient pris la précaution de faire couvrir eux-mêmes et à leurs frais le risque spécial dérivant de ce fait ; mais que progressivement tous les armateurs en étaient arrivés, après avoir passé par l'avis recommandé sans assurance du chargement sur le pont, à insérer dans leurs connaissements une clause les dispensant non seulement de toutes responsabilités à ce sujet, mais encore leur donnant le droit d'effectuer le chargement des marchandises quelconques sur le pont sans en donner avis aux chargeurs et sans encourir aucune responsabilité de ce chef. M. Lacoste dépose ses conclusions écrites.

M. COLSON demande si, dans le cas du chargement de la cale sur le pont, les armateurs font habituellement une concession de fret.

M. LACOSTE répond que lorsque la marchandise est mise sur le pont à la connaissance du chargeur le fret est meilleur marché que celui de la cale ; mais qu'avec les habitudes actuelles, le chargeur paie le fret de la cale, c'est-à-dire le fret le plus élevé, tout en subissant à son insu le chargement sur le pont avec tous ses inconvénients. M. Lacoste indique en outre le danger qu'implique pour le chargeur cette façon d'opérer, car il est ainsi placé dans l'impossibilité absolue de s'assurer, ce qui jette le trouble et l'inquiétude parmi les commerçants et représente quelquefois, par la perte d'une pontée de plus de cent fûts, une lourde perte pour l'intéressé.

M. YTIER, Secrétaire général du Syndicat des Exportateurs, dépose sur le bureau, en sa qualité de Vice-Président de la *Société pour la Défense du Commerce de Marseille*, les conclusions écrites de ladite Société.

Mᵉ COLLIGNON dépose à son tour les conclusions de la *Chambre des Négociants Commissionnaires et du Commerce extérieur de Paris*.

M. FOURNIER, présente celles de la *Chambre du Commerce d'Exportation de Paris*.

M. Toy-Riont dépose des conclusions au nom du *Syndicat de l'Alimentation Marseillaise.*

Mᵉ Fromageot demande si à Bordeaux, au Havre, à Rouen et à Dunkerque, il y a des lignes qui offrent des connaissements comprenant l'acceptation des responsabilités soit dans les limites du Harter Act, soit dans celles des règles de Hambourg et de Brême.

M. Rœderer, délégué de la *Chambre de Commerce du Havre*, répond que toutes les Compagnies Françaises emploient les connaissements avec des clauses d'exonération, à la seule exception de celles qui desservent les Etats-Unis d'Amérique, et que les Compagnies étrangères usent généralement des clauses.

M. le Président donne à nouveau la parole à Mᵉ Autran, avocat-conseil des chargeurs.

Mᵉ Autran fait l'historique des clauses en Angleterre et en Allemagne, en indiquant tout spécialement que non seulement les clauses anglaises sont moins radicales que les françaises, mais encore que les Tribunaux anglais jugent strictement au pied de la lettre la portée des clauses des connaissements anglais, sans jamais généraliser les cas, et que finalement les armateurs anglais trouvent sous l'empire de la jurisprudence française une situation plus favorable que celle qui leur est faite dans leur propre pays.

Mᵉ Rousseau demande si une entente internationale n'est pas indispensable à l'application du régime sollicité.

Mᵉ Autran répond que cette réunion internationale serait inutile, car il ne s'agit en l'espèce que de réglementer une question d'ordre et de police intérieurs.

Mᵉ Rousseau demande si Mᵉ Autran ne craint pas des représailles de la part de l'étranger.

Mᵉ Autran indique que cette question de représailles, inventée pour retarder la réforme, est un conte à faire peur aux petits enfants, et il expose les raisons de cette opinion. On se demande ce que risquent nos armateurs, qui ne transportent du reste qu'une partie insignifiante du tonnage mondial et dont la navigation est presqu'exclusivement consacrée à notre cabotage national ou à la navigation des colonies. Enfin, il demande qu'on lui indique s'il y a eu des représailles contre le Gouvernement américain lorsqu'il a édicté le Harter Act et cependant, à ce moment-là, la presque intégralité du trafic américain était dans les mains des armateurs étrangers. Les autres nations auraient alors eu beau jeu à exercer des représailles. Mᵉ Autran demande aussi si l'Angleterre a exercé ou va exercer des représailles à l'encontre des colonies britanniques qui ont pris des dispositions analogues et peut-être encore plus sévères que celles du Harter Act, lesquelles sont promulguées avec la signature de S. M. Edouard VII.

Personne ne répond. M. LE PRÉSIDENT demande si on n'a pas d'autre question à poser à Mᵉ Autran.

Sur la réponse négative, il donne la parole à M. le comte ARMAND, représentant le Comité Central des Armateurs de France.

M. le comte ARMAND demande le renvoi au lendemain, pour permettre d'étudier la déposition des chargeurs, et pour permettre à Mᵉ Lyon-Caen, avocat-conseil des armateurs, aujourd'hui non disponible, de venir assister à l'audience du lendemain et réfuter les arguments de Mᵉ Autran.

M. LE PRÉSIDENT accepte et fixe la séance au lendemain.

Avant de clôturer la séance, M. TACONET demande quelques indications sur la validité des clauses de connaissements en Angleterre.

Mᵉ AUTRAN donne une explication satisfaisante.

M. LE PRÉSIDENT demande aux Assureurs s'ils ont quelques observations à présenter.

M. MABIRE, président du Comité des Assureurs, répond qu'il n'est pas touché par les dires des armateurs, qu'il désire rester étranger au débat, les assureurs ayant seulement l'intention de s'exonérer définitivement de toutes ces responsabilités dans le cas où les armateurs persisteraient à les mettre au compte des chargeurs.

La séance est ensuite levée et renvoyée au samedi 17 juin, 2 h. 1/2.

III. — Deuxième Séance de la Commission interministérielle

La séance est ouverte le 17 juin, à 2 h. 3/4, au ministère du Commerce.

La Commission interministérielle et les mêmes délégués assistent à la séance, outre Mᵉ LYON-CAEN, avocat-conseil des armateurs.

En ouvrant la séance, M. le Président DURAND donne connaissance d'une lettre de la Chambre de Commerce de Paris et de
ses conclusions en faveur d'une entente internationale.

Il donne également connaissance d'un télégramme du Syndicat commercial et industriel d'Oran, appuyant les conclusions
du Congrès des chargeurs et demandant l'emploi général du
connaissement basé sur les termes de l'Harter Act.

M. LE PRÉSIDENT donne ensuite la parole à M. le comte
ARMAND, représentant le Comité Central des Armateurs de
France.

M. le comte ARMAND annonce que le Comité Central des
Armateurs de France a préparé un rapport et demande au Président de vouloir bien donner la parole à M. Hubert GIRAUD
pour cette lecture.

M. Hubert GIRAUD lit ensuite le rapport dont voici le texte :

*NOTE du Comité Central des Armateurs de France, sur les clau-
ses d'exonération des connaissements, remise le 17 juin 1905
à la Commission constituée au Ministère du Commerce par
décret du 13 février 1904 pour l'examen des demandes de
modification de la Législation relative au connaissement.*

« Monsieur le Délégué de la Commission du Congrès des Chargeurs, chargée de poursuivre la réalisation du projet de loi
approuvé par ledit Congrès, vous a fait hier un exposé des clauses diverses que les armateurs ont coutume d'insérer dans les
connaissements, et contre lesquelles les Chargeurs protestent.
Nous répondrons à cette énumération de griefs le plus briève-
ment possible. Nous ne nous attacherons pas à suivre l'ordre
dans lequel ils ont été présentés.

Il importe en effet de faire ressortir que les Chargeurs englo-
bent dans une même critique toutes les stipulations indiquées
dans les connaissements, bien qu'elles visent des questions absolument distinctes et parmi lesquelles il en est qui n'ont nullement le caractère d'une exonération de responsabilité.

Pour déblayer le terrain, nous indiquerons, par exemple, que
si l'armateur stipule sur le connaissement que la marchandise
sera chargée sur un navire désigné ou sur un navire suivant,
c'est que cette stipulation répond à des nécessités maritimes. Il
est toujours difficile, parfois impossible, d'arriver, avec la diver-
sité des marchandises, les exigences de l'arrimage, etc., à faire
cadrer les cargaisons géométriquement avec les capacités dispo-
nibles du navire.

Il peut se faire également que pour des nécessités de service ou pour des raisons d'avaries, l'armateur soit obligé de substituer un navire plus petit à celui qui était mis en charge, ce qui ne lui permettra pas de prendre toute la marchandise destinée au premier navire. On a cité encore le fait que les connaissements renferment la faculté pour l'armateur de conserver la marchandise à bord, de la débarquer au retour du voyage ou même de la rapporter au port de départ. On voudra bien nous accorder que ce n'est pas par caprice ni par plaisir qu'un armateur garde à bord dans de telles conditions des marchandises qui occupent la place de celles que l'on aurait pu charger et qui, par conséquent, le privent d'un fret. Cette stipulation répond encore à des nécessités maritimes. Tel navire se présentant sur une rade foraine y verra ses opérations arrêtées par le mauvais temps, alors qu'il n'aura plus à bord que quelques marchandises et personne ne trouvera extraordinaire qu'au lieu de perdre sur cette rade des journées et peut-être des semaines (on a vu des navires rester trente jours sur la même rade), le capitaine se décide à poursuivre le voyage et à ne débarquer ce qui lui reste que dans son voyage de retour. La faculté de transborder est également indispensable, qu'il s'agisse d'acheminer la marchandise sur des points non desservis par l'armateur ou de parer à des empêchements résultant d'avaries ou d'autres circonstances imprévues.

Nous en dirons autant des délais indispensables pour opérer des recherches lorsqu'un colis a été égaré. Toutes ces stipulations, la Commission le remarquera sans peine, sont d'ordre absolument commercial et répondent toutes à des nécessités matérielles qui dérivent naturellement du transport par mer. On ne voit ni en quoi l'ordre public est compromis du fait de ces conventions, ni comment elles seraient supprimées par l'obligation de représenter une marchandise dans l'état où elle a été livrée aux transporteurs.

Nous laissons donc de côté ces griefs qui n'ont qu'un rapport éloigné avec la question. Nous passerons rapidement aussi sur celui qui consiste à reprocher à l'armateur de stipuler que les frais de remorquage et d'assistance devront entrer en avarie commune, alors même qu'il les aurait faits en dehors d'un péril imminent, mais simplement dans l'intérêt du navire et de la marchandise. On nous permettra à ce propos de faire remarquer qu'une clause de ce genre a principalement pour but d'éviter aux assureurs des sacrifices inutiles. En effet, le cas s'est fréquemment présenté où des assureurs sur facultés ont contesté l'avarie commune, précisément parce que le péril imminent qui légalement en est la base, n'était pas suffisamment établi. Qu'en résulte-t-il ? C'est que les capitaines ont une tendance naturelle à exagérer le danger auquel leur navire était exposé et que les navires qui leur prêtaient assistance ou les remorqueurs, ont tiré parti de cette exagération pour demander des indemnités en rapport avec le service rendu. Cette explication n'était pas inutile, mais là encore .il s'agit d'un point qui n'est pas lié à la question de responsabilité.

Nous en arrivons maintenant aux clauses qui font réellement l'objet du débat, c'est-à-dire à celles en vertu desquelles l'armateur stipule qu'il n'est pas responsable des fautes du capitaine et de l'équipage en matière d'arrimage, de perte ou de soustraction. La thèse de l'armement est très simple. Oui ou non, l'armateur peut-il, par un contrôle personnel ou par celui de ses représentants, faire que la marchandise embarquée sur ses navires soit toujours arrimée conformément aux règles sur la matière, qu'elle soit toujours respectée et soignée comme il serait désirable qu'elle le fût ? La réponse est malheureusement très facile. Ce n'est pas l'armateur ni ses représentants qui effectuent l'arrimage, qui le surveillent, ni qui le règlent. L'arrimage est toujours fait sous la direction et sous la responsabilité du capitaine. Sans doute l'armateur traite, pour la manipulation de la marchandise, avec certains entrepreneurs dans certains ports européens. Mais cela n'implique nullement que ces entrepreneurs aient la responsabilité de l'arrimage.

Bien plus, il est impossible que cette responsabilité incombe à une autre personne qu'au capitaine. Lui seul peut juger des conditions de navigabilité de son navire, de la façon dont sa marchandise doit être disposée à bord pour assurer sa sécurité après débarquement dans les premières escales et mille autres détails ; lui seul possède, en un mot, à la fois la compétence nécessaire et l'autorité corrélative pour exercer efficacement l'action dirigeante et la surveillance en tout ce qui touche l'embarquement et le débarquement des marchandises dont il prend charge. Il en résulte naturellement que toutes les conséquences de ce travail sont aussi sous sa responsabilité.

Tous les capitaines le savent, tous sont prévenus et leur attention s'exerce ; mais si leur bonne volonté est entière, leur possibilité est limitée. Nul n'ignore les difficultés auxquelles on se heurte, non seulement en France, mais au dehors, en toutes ces matières, qu'il s'agisse du soin donné à la marchandise ou de la moralité de ceux qui opèrent ainsi sous les ordres du capitaine.

Sur certains points bien connus, le vol est absolument organisé. Sur les rades de la Côte de Coromandel, par exemple, il est à peu près invariable que tout chargement présente des manquants. Les officiers apportent au pointage la plus scrupuleuse attention, mais ils ont affaire à des indigènes tellement retors et tellement rompus à ces opérations, que, malgré tous leurs soins, il est presque impossible qu'ils puissent reconnaître le nombre exact de colis embarqués. Nous notons que cette reconnaissance est d'autant plus difficile à effectuer, que les sacs d'arachides sont apportés le long du bord dans de petites embarcations par parties peu importantes, ce qui complique encore le contrôle.

Sans doute il y a quelque chose de choquant au premier abord, à penser qu'un réceptionnaire qui a négocié une traite documentaire et qui est porteur d'un connaissement en vertu duquel il réclame au navire 1.000 balles de marchandises, n'en reçoit que 825. Mais on a oublié de dire dans quelles conditions l'embarquement de cette marchandise s'était opéré, on ne s'est pas demandé si les 175 balles qui manquaient avaient été réellement livrées au capitaine et si, par conséquent, celui-ci n'est pas fondé à dire qu'il ne peut livrer plus qu'il n'a reçu. Il arrive trop souvent que sur l'énorme quantité de colis qu'un vapeur transporte, les préposés peu scrupuleux du chargeur profitent d'une inattention de l'officier ou du matelot pointeur pour donner comme embarquées des marchandises qui ne le sont pas. Nous pourrions citer des exemples de navires arrivés avec des connaissements sur lesquels figuraient des quantités de sacs supérieures à celles que le navire, absolument plein, pouvait matériellement contenir. Soutiendra-t-on en pareil cas que la marchandise a été reçue par le capitaine ?

D'ailleurs, et ces explications données, il n'est pas inutile de rappeler que tous les armateurs consciencieux (et il dépend du chargeur de ne s'adresser qu'à ceux-là), paient invariablement les manquants de ce genre, à moins qu'il ne soit établi de la façon la plus évidente qu'il y a eu fraude ou abus de la part des chargeurs. Le cas cité est donc absolument exceptionnel.

Nous n'insisterons pas davantage et nous croyons faire suffisamment toucher du doigt les difficultés parfois insurmontables auxquelles se heurtent les capitaines et leurs préposés dans l'accomplissement de leurs fonctions.

Il serait évidemment souhaitable qu'on ne vît pas se produire des erreurs comme celles que nous signalons, mais ces erreurs sont explicables, la plupart du temps bien excusables, et il ne dépend en tous cas à aucun degré de l'armateur de les éviter.

Il est donc bien établi, pensons-nous, que les fautes dans l'arrimage, dans la surveillance des ouvriers ou des équipages, dans le pointage des marchandises, échappent à l'action de l'armateur. Leurs conséquences constituent réellement des risques inséparables du transport par mer. Nous arrivons donc à nous demander dans quelles conditions l'armateur a été amené à stipuler dans ses conventions avec le chargeur, que ces risques ne seraient pas à sa charge.

A tout espèce de risque correspond une assurance : qu'elle soit explicite, qu'elle se traduise par l'établissement d'une police et par le paiement d'une prime, ou par une rémunération englobée dans le fret, il n'en faut pas moins que celui qui court le risque s'en couvre en constituant une réserve ou en se réassurant. Personne ne conteste que la réduction successive des frets a atteint sa plus extrême limite. L'armateur est fondé à dire que le fret ne renferme plus la part de rémunération qui lui était nécessaire pour s'assurer contre les risques résultant des fautes de son capitaine. C'est ce qui s'est produit, ainsi que tous nos contradicteurs l'ont dit, chez tous les armateurs et chez toutes les nations. On en a tiré argument, pour prétendre que l'unanimité avec laquelle les armateurs s'exonèrent des fautes du capitaine constitue une véritable coalition de toutes les Compagnies maritimes. Rien n'est moins exact, et nous ne pensons pas pouvoir mieux l'établir qu'en déclarant ici que, dans un groupement comme celui au nom duquel nous avons l'honneur de déposer, c'est-à-dire dans le COMITÉ CENTRAL DES ARMATEURS DE FRANCE qui représente l'intégralité des armateurs français, jamais la question ne s'est posée d'étudier en commun des mesures ou des formules destinées à trouver place dans les connaissements. Il nous paraît que rien ne peut mieux établir l'absence de tout concert entre les divers armements, concert sans lequel on ne saurait nous reprocher une coalition. On a prétendu aussi que l'armement constituait un monopole de fait. Il est véritablement étrange d'entendre de pareilles assertions à une époque où chacun a la liberté d'armer des navires, ou d'en affréter s'il ne peut en acheter et où la concurrence entre les diverses nations, et même entre les compagnies d'une même nation, a atteint des limites sans précédent dans l'histoire de la navigation commerciale. Il est de notoriété publique que sur tous les points du monde la concurrence en est arrivée à un tel degré d'acuité que les frets permettent rarement à l'armateur de payer simplement la dépense de son navire. Est-il donc raisonnable de prétendre que les armateurs sont coalisés, qu'ils s'entendent pour pressurer le commerce et qu'ils exercent un monopole ? Nous pourrions, si la Commission le désire, citer à notre tour des exemples de conditions draconiennes que les détenteurs d'une marchandise à transporter réussissent à imposer aux navires à la recherche d'un fret. Sur la plupart des ports d'embarquement hors d'Europe, ce n'est pas l'armateur qui dicte les conditions, c'est l'affréteur qui impose ses formules de chartes-parties, qui sont bien plus longues et bien plus compliquées que celles des connaissements des compagnies maritimes. Dans chacune des clauses de ces chartes, le chargeur stipule une condition qui se traduit par la perte d'une partie du fret, si bien que tout compte fait, il reste au vapeur tout juste de quoi payer ses dépenses courantes, sans qu'il puisse pourvoir ni à ses amortissements, ni, à bien plus forte raison, à la rémunération du capital qu'il représente. Nous citerons simplement, à cet égard, un détail bien caractéristique :

Chacun sait qu'un des facteurs les plus importants en navigation, c'est la rapidité des opérations, et les armateurs perfectionnent sans cesse dans ce but les moyens mécaniques d'embarquement et de débarquement. Mais voici les dispositions que les chargeurs insèrent dans les chartes-parties. Au lieu de prévoir comme base du nombre de jours alloués aux chargeurs pour embarquer la marchandise un tonnage raisonnable, c'est-à-dire en rapport avec les moyens dont dispose le navire, les chargeurs stipulent au contraire un tonnage extrêmement bas, qui, à La Plata, est de 200 tonnes par jour. Cela représente, par conséquent, pour un navire de 5.000 tonnes, 25 jours de planche. A ces 25 jours s'ajoutent les dimanches et les fêtes, qui ne comptent pas comme jours de planche, mais dont le chargeur se réserve de disposer pour embarquer.

Ensuite, le chargeur stipule que, pour chaque jour en moins du nombre ainsi calculé, le vapeur devra lui payer une indemnité qui porte le nom de despatch money. Cette indemnité est généralement de 250 francs par jour sauvé. Dès lors, le chargeur embarque la marchandise, non plus à raison de 200 tonnes par jour, non plus même, comme il serait raisonnable, à raison de 6 à 800 tonnes par jour, mais de 1.000 ou 1.200 tonnes. Et la combinaison est établie de telle manière qu'il arrive fréquemment, quand on établit le décompte des indemnités de despatch money, que le navire a chargé non pas en peu de jours, mais dans un temps négatif, ce qui permet au chargeur de réclamer le despatch money stipulé, calculé sur un nombre de jours supérieur à celui prévu dans la charte-partie comme jours de planche.

J'ai l'honneur de remettre à la Commission un décompte relatif à un navire d'une Compagnie marseillaise, d'où il résulte
que ce vapeur, ayant 22 jours de planche, a dû payer 23 jours de
despatch money, soit 5.475 francs.

Jours de planche pour chargement du vapeur à San-Nicolas

DATES 1904		OBSERVATIONS	Jours de planche	Jours fériés	Jours employés au chargement	Jours sauvés par D. M.
Juin	17	Arrivée à San-Nicolas (jour franc).	»			
»	18		1		1	
»	19	Dimanche.	»	1	1	
»	20		1		1	
»	21		1		1	
»	22		1		1	
»	23	Terminé chargement.	1		1	
»	24	Fête (Saint-Jean).	»	1		1
»	25		1			1
»	26	Dimanche.	»	1		1
»	27		1			1
»	28		1			1
»	29	Fête (Saints Pierre et Paul).	»	1		1
»	30		1			1
Juillet	1		1			1
»	2		1			1
»	3	Dimanche.	»	1		1
»	4		1			1
»	5		1			1
»	6		1			1
»	7		1			1
»	8		1			1
»	9	Fête Nationale.	»	1		1
»	10	Dimanche.	»	1		1
»	11		1			1
»	12		1			1
»	13		1			1
»	14		1			1
»	15		1			1
»	16		1			1
			22	7	6	23
			29 jours		29 jours	

Jours de planche = 4.400 tonnes à 200 tonnes par jour = 22 jours.
Despatch Money sur 23 jours à £ 10 = £ 230.

Buenos-Ayres, le 25 juin 1904.

Et cependant, l'armement n'a jamais songé à réclamer l'intervention législative contre des mesures qu'on peut qualifier d'abusives. L'armement considère que, si dures qu'elles soient, elles résultent de la loi de l'offre et de la demande, et il s'y soumet, quand il ne peut pas faire autrement.

On nous a opposé l'exemple de certaines marines étrangères et on a affirmé que les Compagnies allemandes ont adopté de leur plein gré des clauses établies par la Chambre de Commerce de Hambourg, et qui répondent sensiblement aux vues des Chargeurs français. Nous croyons que nos contradicteurs se trompent en généralisant cette assertion. La vérité est que quelques Compagnies allemandes effectuant des services gouvernementaux, ont adopté ces clauses, mais elles sont l'exception, et nous tenons à la disposition de la Commission des connaissements de lignes allemandes (qui ne sont pas des moindres et qui jouissent d'un traitement qui leur constitue un véritable monopole), connaissements sur lesquels figurent les clauses d'exonération universellement employées, et même des clauses encore plus rigoureuses.

Voici, par exemple, un extrait de la clause II de la Deutsche Levante Linie :

« L'armateur n'est pas responsable des risques de mer, du feu, des actes d'ennemis, de pirates, révoltes, grèves, interruption du travail, d'attaques de corsaires, vols sur terre ou sur mer, quand même ils auraient été commis par l'équipage, passagers, arrimeurs ou autres employés du navire, à bord du bâtiment ou sur terre.

....

« En dehors des cas pour lesquels l'armateur n'est pas responsable, d'après les conditions stipulées à l'article 2, sa responsabilité ne peut pas même être atteinte, quand l'avarie ou la perte qui en résulterait pourrait être attribuée, en tout ou en partie, à quelque acte illégal, faute, négligence, incapacité, méchanceté ou erreur du pilote, du capitaine, des mécaniciens, des arrimeurs ou d'autres gens de l'équipage ou au service de l'armateur, dont autrement ce dernier serait responsable. L'armateur ne supporte également pas les conséquences des fautes commises par une des personnes susmentionnées, quand même s'il en résultait des dommages d'avarie commune. »

On a cité la Compagnie Woermann, qui, dans ses services de la côte d'Afrique, aurait éliminé les clauses d'exonération. On oublie d'ajouter qu'elle a incorporé à ses connaissements d'autres clauses dont nous allons donner lecture et qui restreignent dans une singulière mesure la libéralité dont on fait l'éloge. D'ailleurs les Compagnies mêmes qui ont adopté les règles de la Chambre de Commerce de Hambourg ont, par contre, stipulé certaines clauses que nos Chargeurs trouveraient certainement excessives, notamment en ce qui touche l'emballage.

Voici une clause jointe au connaissement établi par la ligne Woermann :

« A destination, la marchandise est livrable sous palan, le fret acquis dès qu'elle a quitté le pont du navire ; tous frais et risques ultérieurs, — de mise en allège ou à terre, de transport, de séjour sur quai ou sous hangar, de magasinage, de livraison, de pesage ou jaugeage, même si le fret est stipulé payable au poids ou cubage délivré, — étant au compte de la marchandise.

« Les opérations de réception sur quai ou en allège, la délivraison pesage et jaugeage, si nécessaire, sont à effectuer par les soins des agents de la Compagnie et, comme stipulé dans cette clause, sont pour compte de la marchandise.

« Aucune assurance quelconque ne sera couverte par le capitaine ni par l'agent et ce en dépit des usages de la place contraires qui pourraient exister. »

Ce ne sont pas là, d'ailleurs, des faits isolés. Un de nos collègues s'étant adressé récemment à un expéditeur de Hambourg, pour avoir de lui des renseignements précis à ce sujet, a reçu la réponse suivante :

« MON CHER MONSIEUR,

« Ah, certes, oui, il y a des clauses ajoutées ! On se sert toujours des connaissements, mais la Compagnie y ajoute des timbres qui ont valeur de clause. Remarquez d'abord ce connaissement Wœrmann. C'est bien le connaissement type des Chambres de Commerce, mais une clause est *biffée*. C'est encore bien pis que si elle manquait. Car la rature s'inscrit en opposition contre elle.

« Et puis, si cela vous intéresse, voici une clause courante timbrée sur les connaissements Havane.

« Une autre sur les connaissements Maroc.

« La Kosmos timbre toujours la clause de fumigation.

« La ligne Afrique orientale timbre qu'elle n'est responsable ni du coulage, ni du cassage.

« Chaque bateau a pour ainsi dire ses timbres qu'il applique avant délivraison des connaissements. Je ne vous envoie que quelques exemplaires pour vous montrer ce qui en est, mais si vous rêvez d'une collection de clauses, je puis vous la servir sur ordre. »

On voit donc que l'exemple des Compagnies allemandes n'est pas aussi topique qu'on se l'imagine. Au surplus, nous ne cherchons pas à réfuter l'assertion d'après laquelle les Compagnies allemandes devraient à l'absence de clauses d'exonération la prospérité exceptionnelle dont elles jouissent. Sincèrement on ne peut pas dire que les clauses d'exonération pèsent sur le commerce français, pas plus qu'on ne peut dire que le commerce allemand doit son développement merveilleux à ce fait que *quelques* Compagnies allemandes n'emploient pas ces mêmes clauses. Les causes économiques des situations respectives du commerce allemand et du commerce français sont singulièrement plus graves et plus profondes, et c'est vouloir jeter sur l'armement un blâme contre lequel il proteste de toutes ses forces, que d'attribuer à ces connaissements une pareille portée. Cette accusation est d'autant plus injuste, que les chargeurs eux-mêmes ont bien souvent reconnu que l'armement français se montrait la plupart du temps très large dans l'interprétation de ses clauses de connaissements. Les chargeurs l'ont dit, ils l'ont écrit dans plusieurs rapports et nous leur demandons de ne pas persister à employer un argument dont ils ont reconnu eux-mêmes le peu de sérieux. La vérité est que, dans la plupart des circonstances, les armateurs français ne font usage des clauses de connaissements que lorsqu'ils sont en présence d'un de ces abus qui ont donné lieu à la rédaction des clauses destinées à y remédier.

Après avoir proposé aux armateurs l'exemple des marines étrangères, nos contradicteurs proposent à nos législateurs celui de certaines nations qui ont législativement prohibé les clauses d'exonération. Notre réponse sera brève. Il nous paraît souverainement dangereux de vouloir transporter une législation étrangère dans notre pays, sans tenir compte des conditions spéciales qui en ont permis l'établissement, et sans se demander si le milieu nouveau où cette législation va être implantée comporte son adoption. Les Etats-Unis qui ont édicté leur Harter Act occupent une situation unique sur le globe. Ils n'ont ni voisins, ni concurrents, leur commerce est tout puissant, et nous n'avons pas besoin de signaler l'influence prépondérante que ce commerce, centralisé entre les mains des chefs des trusts, exerce sur la législation. Par contre, les Etats-Unis n'ont pas jusqu'à présent de marine commerciale affectée à la navigation de concurrence. Est-il donc surprenant que le législateur américain n'ait pas hésité à édicter des mesures tout au profit du commerce national et qui ne portaient préjudice qu'à des armateurs étrangers ? Nous en dirons autant de l'Australie et nous demanderons à nos contradicteurs s'ils seraient disposés à voir adopter en France toutes les mesures législatives en vigueur dans ce pays neuf, où les idées protectionnistes et socialistes règnent en maîtresses.

En somme, en dehors des Etats-Unis et de l'Australie, dont les conditions commerciales politiques et économiques n'ont aucune analogie avec les nôtres, nous ne trouvons aucune nation qui ait consenti à légiférer sur la question des clauses à insérer dans un contrat de transport maritime. La jurisprudence et la législation sont à ce point de vue-là unanimes et nous ne pouvons mieux faire que de joindre à la présente déposition une circulaire du COMITÉ CENTRAL DES ARMATEURS DE FRANCE en date du 4 janvier dernier sur la matière.

Nous ajouterons un mot pour répondre à un fait qui, s'il est exact, ne nous paraît pas pouvoir être reproché à l'armement français. Il s'agirait de marchandises chargées sur le pont sans que le chargeur en ait été avisé, et sans que l'armateur ait pourvu à l'assurance supplémentaire que ce mode de chargement nécessite. Nous croyons savoir que toutes les Compagnies françaises se préoccupent au contraire de signer ce supplément d'assurance, lorsqu'elles sont amenées à charger des marchandises sur le pont. Nombreuses sont les lignes qui transportent des vins d'Algérie à Rouen ; certainement, il en est qui prennent pour les pontées les précautions utiles. Comment se fait-il donc que les chargeurs ne donnent pas leur préférence exclusive à ces Compagnies en refusant leur fret aux autres ?

Nous ne nous aventurerons pas sur le terrain juridique, laissant à notre éminent conseil, M. Lyon-Caen, le soin de répondre aux explications éloquentes de Mᵉ Autran. Nous nous permettrons seulement deux remarques : la première, c'est que la clause d'attribution de juridiction à un tribunal étranger, lorsqu'elle est insérée dans une charte-partie créée à l'étranger, d'accord avec un chargeur, ne saurait être, comme on l'a prétendu, répudiée par le réceptionnaire en France. Cette clause est tout aussi opposable au réceptionnaire qu'une autre clause quelconque de la dite charte. Nous ne voyons pas que le réceptionnaire puisse prétendre choisir dans le contrat de transport, établi entre son correspondant d'outre-mer et l'armateur, les clauses dont il entend se prévaloir, telles que la durée des jours de planche, le prix du débarquement, etc., et celles dont il déclare ne pas vouloir, sous prétexte qu'il n'est pas intervenu au contrat. Ce contrat est un tout ; il faut en toute logique qu'il soit exécutoire à l'arrivée dans son intégralité.

Notre seconde observation a trait aux moyens de contraindre le vapeur étranger irrégulier venu dans un port français, de payer au réceptionnaire les marchandises non représentées. Mᵉ Autran a bien voulu affirmer que le manquant étant parfaitement reconnu, avant la fin du débarquement, le réceptionnaire n'avait qu'à faire saisir le vapeur.

Or, d'une part, il est à peu près impossible de se rendre un compte exact du nombre de colis débarqués par un navire avant que tout le chargement soit terminé. Nous savons, par expérience, que c'est souvent plusieurs jours après le départ du navire qu'un comptage sérieux peut s'établir, permettant parfois de retrouver dans l'arrimage fait sur quai des 10.000, 20.000 ou 30.000 sacs d'une cargaison, 100 ou 200 sacs qui paraissaient faire défaut. D'autre part, nous savons aussi par expérience que saisir un vapeur étranger est, en France, une opération hérissée de difficultés, et que cette formalité, qui demande une heure aux Etats-Unis ou en Angleterre, exige chez nous des démarches interminables.

Nous ne reviendrons pas sur les avantages que les marines étrangères retireraient d'une mesure privant l'armement français de la liberté des conventions. Nous n'insisterons pas sur ce qu'une entente internationale a d'indispensable, faisant simplement remarquer que de deux choses l'une : ou bien, comme on l'a affirmé hier, la réforme des connaissements est à l'ordre du jour chez toutes les nations qui n'attendent que notre exemple pour le suivre, et alors véritablement la convention internationale n'est pas aussi lointaine qu'on veut bien le dire ; ou bien, au contraire, nos concurrents étrangers ne suivraient pas notre exemple, et alors la marine marchande française verrait une fois de plus s'accroître les causes déjà trop nombreuses de son infériorité.

Si nous dégageons, pour terminer, la question posée devant la Commission, des détails dans lesquels nous sommes entrés pour répondre point par point à l'argumentation de nos contradicteurs, il nous paraît en somme qu'elle peut se poser d'une façon bien nette et bien simple. La marchandise remise aux transporteurs, embarquée sur un navire et confiée à un capitaine, court des risques. Actuellement ces risques, de par les conventions constituées par les connaissements, sont à la charge du commerce. Celui-ci, conformément aux règles de la prudence, s'assure contre ces risques, et les clauses de police sur facultés bien établies, spécifient notamment qu'en cas de, vols sur les marchandises couvertes par les polices, les assurés seront remboursés ; qu'il en sera de même si, pour une cause quelconque, les marchandises tombent à l'eau ; enfin, d'une manière générale, que les assureurs acceptent les risques et les conséquences des clauses imprimées et manuscrites des connaissements et des chartes-parties. Le chargeur est donc couvert. Ne l'eût-il pas été, les armateurs lui avaient proposé de le couvrir eux-mêmes, moyennant un surfret qui n'était que la prime fixée par les assureurs (suivant des polices spéciales) pour couvrir à leur tour les armateurs de toutes leurs responsabilités.

Donc, tout s'assure, et tout revient à savoir qui paiera l'assurance de ces risques particuliers.

On a prétendu que tout ne s'assurait pas, et on a cité le laissé pour compte et la perte d'un colis faisant partie d'un tout, une pièce de machine par exemple ; mais on cite là des exemples de préjudices indirects, qui ne sont en aucun cas admis en matière de transport pas plus qu'en toute autre matière, qui constituent le risque personnel de celui qui les subit, et dont il a à tenir compte dans ses prix de revient.

Nous le répétons, tout dommage susceptible d'être chiffré s'assure, mais il est trop facile de voir que l'appel fait au législateur n'a d'autre objet que d'obliger l'armateur à supporter une nouvelle charge, c'est-à-dire la prime d'assurance des risques considérés, et à réduire encore un fret réduit déjà à sa plus simple expression. Il n'a d'autre objet que de permettre aux chargeurs d'obtenir ainsi de leurs assureurs ordinaires des primes d'assurance plus réduites et, en un mot, comme ils l'ont très ouvertement déclaré eux-mêmes devant la Commission, de payer meilleur marché tout en étant bien servis.

C'est comme si on demandait à la Loi d'intervenir pour forcer les industriels à donner au consommateur les produits de première qualité, ceux que l'industrie garantit, pour le prix des produits inférieurs loyalement vendus comme tels. Nous ne pensons pas que la Commission estime nécessaire l'action législative en matière d'intérêts aussi évidemment commerciaux et privés. »

M. H. GIRAUD ayant terminé sa lecture, dépose son rapport sur le bureau.

Sur l'autorisation de M. le Président, M⁰ LYON-CAEN prend la parole pour appuyer la déposition des Armateurs et répondre à M⁰ Autran. M⁰ LYON-CAEN dit qu'il s'est occupé longuement de cette question. Après avoir fait une lecture consciencieuse du projet de M⁰ Autran, il a voulu se rendre compte de l'efficacité de cette loi et a conclu après examen que les armateurs ne verraient aucun inconvénient à subir la loi proposée, s'ils avaient la certitude de pouvoir imposer le même régime à l'armement étranger.

Il craint que cette impossibilité soit flagrante et que les armateurs français se trouvent ainsi dans une position d'infériorité par rapport à leurs concurrents étrangers. Il craint enfin que les puissances étrangères prennent à l'égard de la Marine Marchande française des mesures de rétorsion, expliquant que dans ce cas le projet de loi n'atteindrait pas son but.

M⁰ ROUSSEAU demande que M⁰ Lyon-Caen donne quelques explications sur les complications internationales qu'il semble redouter et notamment sur les mesures de rétorsion dont il vient de parler.

M⁰ LYON-CAEN répond qu'il redoute les protestations, que l'on introduise une clause identique dans la législation étrangère, et enfin que l'on ne rende compliquée et impossible l'exécution des jugements obtenus contre l'armement étranger.

M. COLSON demande des explications sur la possibilité d'exécution de ces jugements.

M⁰ LYON-CAEN croit qu'une exécution sera possible en France sans qu'il soit nécessaire de provoquer une mesure judiciaire exorbitante, et il cite l'opinion commerciale qui lui a été donnée, d'après laquelle l'interdiction des clauses en France pourrait avantager les ports étrangers voisins, Anvers pour Dunkerque, Gênes pour Marseille.

M. DE JOUVENEL demande si le Harter Act, qui est devenu obligatoire pour les lignes françaises desservant les Etats-Unis, a occasionné une hausse sur le fret.

Les Armateurs sont obligés de répondre négativement.

M. DE JOUVENEL demande encore si le Harter Act est applicable aux vapeurs étrangers arrivant aux Etats-Unis. Une réponse affirmative est faite par les armateurs.

M⁰ AUTRAN cite certaines chartes-parties faites à option et pour lesquelles le taux du fret est identique quel que soit le point final choisi par les armateurs, ce qui tendrait à prouver que les conséquences des responsabilités que répudient les armateurs seraient absolument négatives sur le taux des frets. Par exemple : à l'époque où l'Italie avait une jurisprudence conforme à celle que nous désirons installer en France, les chargements des Indes destinés à la Méditerranée étaient traités au même prix, avec option pour Marseille, Gênes ou Barcelone.

Un Commissaire demande, si un Tribunal français condamnait un navire étranger, comment le destinataire pourrait se faire payer de lui.

Mᵉ AUTRAN répond qu'on peut d'abord saisir le navire présent, ou enfin le fret si le navire était parti, car le règlement du fret ne s'opère que plusieurs jours après la fin du débarquement, quelquefois au bout de plusieurs semaines et toujours après que la livraison de la marchandise a définitivement permis aux destinataires de constater le bon état et la quantité exacte.

M. H. ESTIER demande la parole. Il explique que le Harter Act n'est pas comme on pourrait le croire une aggravation de la responsabilité des armateurs américains, que c'est une atténuation au contraire de l'ancien régime de responsabilité complète sous laquelle vivaient précédemment les armateurs ; qu'en l'édictant le législateur des Etats-Unis a voulu adoucir le traitement des armateurs, tandis qu'au contraire les chargeurs français en prennent acte pour aggraver la situation déjà précaire des armateurs.

M. H. ESTIER continue en expliquant que la concurrence allemande, et notamment la concurrence de la Compagnie Norddeutscher Lloyd en Méditerranée, est une concurrence de parti-pris, destinée à ruiner les Messageries Maritimes, à détruire l'influence française en Orient, à écarter l'industrie française et le pavillon français des marchés, que cette concurrence est soutenue en très haut lieu et que les taux de fret réduits pratiqués par elle sont sans rapport avec ce qu'exigeraient les nécessités de l'armement ; que par conséquent les chargeurs ne devraient pas prendre acte de cette situation pour établir un parallèle avec les autres taux de fret pratiqués par les autres Compagnies.

M. H. ESTIER expose que contrairement à leurs prétentions, les chargeurs peuvent s'assurer contre les risques dérivant de l'irresponsabilité des armateurs et qu'ils le peuvent d'autant mieux qu'au moment où il a créé et offert le connaissement rouge, c'est-à-dire le connaissement responsable, il avait contracté avec un assureur une police destinée à le garantir.

Me AUTRAN explique que cette garantie avait été prise après étude par l'assureur des risques à courir sur un connaissement dont les clauses avaient été étudiées et discutées entre l'assureur et l'armateur. Il ne peut en être de même entre un assureur et un chargeur, ce dernier étant exposé non seulement à voir modifier journellement les clauses des connaissements qui lui sont imposées, mais encore à ignorer certaines clauses ou à ne les connaître qu'après l'arrivée des marchandises et à la suite du dommage constaté, car non seulement le destinataire ne connaît pas le nom du navire sur lequel sa marchandise est chargée, mais il ignore les transbordements.

Enfin, Me AUTRAN indique que s'il est très naturel qu'on puisse trouver à s'assurer contre tous genres de risques, il l'est beaucoup moins de mettre le paiement de la prime résultant de ces assurances à la charge de celui qui subit un préjudice, plutôt qu'à la charge de celui qui l'impose ou qui le crée. En s'exonérant de toute surveillance à l'égard de la marchandise, l'armateur réalise des économies sur le nombre et le choix du personnel ; il s'agit donc de savoir si l'armateur doit supporter les conséquences de ces économies, soit sous forme d'indemnité aux chargeurs, soit sous forme de paiement de prime à son assureur, ou bien s'il doit profiter seulement de l'économie et en laisser la charge au propriétaire de la marchandise. Ce serait inéquitable, injuste et paradoxal.

En outre, Me AUTRAN croit que les armateurs font fausse route, parce qu'ils déshabituent leur personnel de la sollicitude nécessaire à l'égard de la marchandise ; ils l'habituent aux défauts de surveillance et aux défauts d'honnêteté ; ils font disparaître les scrupules qu'il devrait avoir de s'approprier ou de laisser gaspiller la marchandise d'autrui, et les équipages en arrivent finalement à considérer aussi légèrement le respect de la propriété des armateurs que celui de la propriété des chargeurs. Beaucoup des dégâts, des frais généraux, des coulages subis par les Compagnies pour leur propre matériel, leurs vivres, leurs approvisionnements sont précisément occasionnés par ce défaut de conscience, cultivé et entretenu soigneusement par elles, qui n'est pas une des moindres causes du défaut de prospérité des Compagnies. En remédiant à cet état de choses, non seulement les armateurs ne feraient que justice à l'égard des chargeurs, mais ils amélioreraient également leur propre situation en relevant le niveau moral de leur personnel.

M. LE PRÉSIDENT, estimant les dépositions des armateurs terminées, déclare passer à l'audition des assureurs et donne la parole à M. Mabire.

M. Mabire expose son désir de se séparer à la fois des chargeurs et des amateurs et il demande au Président de donner la parole à M. Audouin, au nom des Assureurs maritimes de Paris, Bordeaux, Le Havre et Marseille. Lecture est donnée du rapport des assureurs. (Voir page 71).

M. le Président demande si les Compagnies d'assurances réduiraient les primes lorsque la loi serait votée et que le risque maritime serait seul couru par les assureurs.

M. Mabire répond que d'une façon générale les primes sont sujettes à l'offre et à la demande, qu'elles peuvent être aussi bien augmentées que réduites.

M. le Président demande si les armateurs ne pourraient s'assurer eux-mêmes contre le risque des fautes commerciales de leurs préposés. Une réponse affirmative est faite, rien ne s'opposant à ce qu'un risque quelconque puisse être couvert.

M. le Président dit que dans ce cas les assureurs recevraient donc double prime.

M. Audouin répond que la prime d'assurance contre les conséquences d'une faute doit être payée par celui qui engendre la faute ou la laisse commettre.

M. Colson demande s'il y a des différences de tarif d'assurance suivant la qualité bonne ou mauvaise des Compagnies de navigation.

Réponse négative, sauf pour les cas de police flottante ou cependant on distingue les lignes privilégiées et celles qui ne le sont pas.

M. Colson demande s'il n'y a pas entre certaines Compagnies une différence notable comme conséquence des fautes nautiques et de celles commerciales.

M. Audouin répond que certaines Compagnies donnent beaucoup plus de soins que d'autres au choix des équipages et à leur discipline, ce qui diminue sensiblement les fautes nautiques et que d'autres donnent également plus de soins et de sollicitude à la marchandise qui leur est confiée, ce qui réduit sensiblement les réclamations pour fautes commerciales ; tandis que d'autres Compagnies, au contraire, exercent le minimum de surveillance et de soin.

M. Colson demande si dans une police flottante on peut prévoir une différence de prime pour chaque Compagnie.

M. Audouin explique les deux classes de vapeur prévues : 1° vapeurs privilégiées ; 2° vapeurs ordinaires.

M. Colson demande en outre si la valeur de la marchandise n'est pas absolument inconnue à l'armateur.

M. Audouin répond qu'en cas d'avaries, il serait très simple à l'armateur d'agir comme le font les assureurs, c'est-à-dire d'exiger les factures et les pièces justificatives.

M. le Président demande s'il est bien établi que l'ajournement de la mise à exécution de la décision des assureurs français, de ne plus couvrir les risques dérivant des clauses des connaissements, est dû à l'action des chargeurs pour les faire interdire légalement, et si les Compagnies d'assurances étrangères suivront les Compagnies françaises dans le cas où, conformément aux conclusions des assureurs, ces derniers ne couvriraient plus le risque dérivant des clauses de connaissements au cas où la loi sollicitée par les chargeurs français ne serait pas adoptée par le Parlement.

M. Audouin répond que les Compagnies étrangères se sont formellement engagées à suivre les Compagnies françaises. Elles ont signé le procès-verbal du Congrès des assureurs de 1900 à ce sujet.

M. de Jouvenel et M. Rousseau demandent ce que feront à ce moment-là les assureurs étrangers.

M. Mabire, prenant la parole, répond que le sursis accordé par les assureurs français l'a été avec l'assentiment des Compagnies étrangères, que ce sursis prendra fin aussitôt qu'on aura été fixé sur le sort de la loi actuellement en discussion.

Mᵉ Fromageot demande s'il y a des connaissements distincts à la Compagnie Générale Transatlantique pour les Etats-Unis.

M. Dal Piaz répond qu'il y a deux formules, celle d'importation et celle d'exportation.

Mᵉ Lyon-Caen ajoute à l'appui de la réponse de M. Dal Piaz, que les connaissements établis aux Etats-Unis sont conformes aux prescriptions du Harter Act, mais que sur son conseil, la Compagnie Transatlantique a jugé inutile de modifier ses connaissements à destination des Etats-Unis.

Sur la demande de M. le Président, M. Dal Piaz déclare que

la Compagnie Transatlantique s'assure elle-même contre les responsabilités mises à sa charge par le Harter Act, c'est-à-dire qu'elle les subit sans avoir recours à un tiers.

M. LE PRÉSIDENT donne la parole à Mᵉ AUTRAN, sur sa demande.

Mᵉ AUTRAN insiste sur le caractère éminemment démocratique de la loi dont il est le promoteur ; car le gros chargeur, par son importance et par la sollicitude dont il est l'objet de la part des Armateurs, peut échapper parfois aux conséquences des clauses de connaissements, mais le petit chargeur, qui est innombrable, subit ces conditions, et il est contraint de les subir, soit parce qu'il est certain d'avance de perdre son procès, soit parce qu'il recule bien souvent devant les frais à exposer pour revendiquer une somme minime. Cependant la liquidation de ces sommes minimes grève finalement le petit commerce français pour des sommes totales considérables.

Mᵉ AUTRAN précise les obligations légales du transporteur ; il demande pourquoi il devrait être exonéré des responsabilités du droit commun, pourquoi il devrait jouir d'un régime d'exception ; il indique que le chemin de fer lui-même est responsable non seulement des fautes commerciales, mais aussi des fautes techniques de ses mécaniciens et de ses préposés ; que le Congrès des Chargeurs, plus libéral, comprend la nécessité indispensable pour l'armateur d'être exonéré des fautes nautiques de ses préposés, dont la surveillance technique est impossible, mais qu'il est immoral d'étendre cette exonération aux fautes commerciales et de donner ainsi une prime à la malhonnêteté ou à l'incurie des employés.

Mᵉ ROUSSEAU demande aux assureurs si les chargeurs pourraient se faire assurer contre les fautes commerciales des armateurs.

M. AUDOUIN répond « oui » pour le moment et jusqu'à un certain point, mais non à l'avenir, et M. MABIRE déclare que si le risque est acceptable de la part de l'armateur, qui peut le circonscrire par sa surveillance et ses soins, il ne l'est pas de la part du chargeur, car il peut de ce côté devenir illimité, faute de sanction.

Mᵉ AUTRAN demande au Président de vouloir bien questionner les armateurs pour savoir si depuis que le Harter Act est en vigueur en Amérique la Compagnie Générale Transatlantique a relevé le prix des frets.

M. DAL PIAZ reconnaît que les frets sont restés les mêmes.

M. H. ESTIER déclare qu'il y a cependant des négociants et industriels qui redoutent la loi proposée comme susceptible de faire hausser les taux de fret et parce que ce supplément du prix des frets placerait le négociant français dans une situation déplorable pour lutter contre la concurrence étrangère. Il ajoute que les délégués présents ne représentent pas la majorité des chargeurs et que même parmi les Chambres de Commerce aujourd'hui représentées, il y en a beaucoup qui ont des minorités importantes qui n'ont pas donné mandat à leur représentant de déposer d'une façon formelle.

M. GRUET, représentant la Chambre de Commerce de Bordeaux, déclare énergiquement qu'il représente l'unanimité de sa Chambre de Commerce, qui cependant comprend aussi bien des armateurs que des chargeurs.

M. LACOSTE, pour la Chambre de Commerce de Rouen, fait la même déclaration.

M. RŒDERER, pour la Chambre de Commerce du Havre, fait une déclaration dans le même sens et il précise que rien ne serait plus simple pour les armateurs soigneux que de réduire les conséquences des fautes commerciales, que cela ne dépend que d'eux ; tandis que le chargeur, à qui on veut les faire supporter, est dans l'impossibilité absolue de s'immiscer dans les affaires de l'armement et de contribuer à réduire ou à faire disparaître les errements fâcheux dont il subit les conséquences.

M. ARTAUD, avant de laisser clore la séance, demande au Président de vouloir bien lui donner communication de la déposition des armateurs comme il a lui-même, sans hésitation, remis aux armateurs sur leur demande la copie de la déposition lue par lui la veille.

Les Armateurs promettent la copie en question et la séance est levée à 5 h. 1/2, les dépositions étant terminées.

DÉPOSITIONS PARTICULIÈRES

CHAMBRE DE COMMERCE D'ALGER
(Séance du 7 Juin 1905)

MESSIEURS,

Le commerce se plaint de l'extension de plus en plus abusive que les armateurs et propriétaires de navires ont donnée aux clauses les exonérant de toute responsabilité pour les transports qu'ils entreprennent.

Le Code de Commerce, dans ses articles 216, 221 et 222, spécifie que « *Tout capitaine de navire* est garant de ses fautes, qu'il est responsable des marchandises dont il se charge et que le propriétaire du navire est civilement responsable des faits du capitaine ».

Telle était la volonté du Législateur.

Mais ces prescriptions du Code sont devenues lettre-morte depuis que les armateurs ont inséré sur leurs connaissements des clauses imprimées aux termes desquelle- leur responsabilité devient illusoire. Les Compagnies ont imprimé au dos de leurs connaissements une série de clauses détruisant les prescriptions du Code de Commerce ; c'est ce qu'on a appelé les clauses d'exonération, et la jurisprudence de la Cour de Cassation a déclaré que ces clauses éta'ent valables et que les chargeurs étaient tenus par elles, malgré que la plupart du temps ils ne les connaissent pas. Nous ajouterons que dans nombre de cas il ne leur est pas même possible de les connaître, si ce n'est après coup, alors qu'ils ne peuvent plus ni les discuter ni protester contre elles.

Prenons par exemple le cas d'un expéditeur habitant l'intérieur et expédiant des marchandises à l'étranger ; il les adresse à une Compagnie de navigation ; il a le droit de supposer que son envoi voyagera suivant les conditions du Code de Commerce.

Or, que se passe-t-il ?

La Compagnie de navigation qui est chargée de l'expédition embarque la marchandise sur un de ses paquebots ; son agent signe les connaissements au nom du chargeur et au nom du capitaine, puisqu'il les représente tous les deux. Puis il envoie au chargeur un exemplaire du connaissement.

Si celui-ci lit son connaissement, qu'y trouve-t-il ?

« *La Compagnie ne répond pas des baratcries, vices d'arrimage,*
« *fautes ou négligences quelconques du capitaine..... des ouvriers*
« *de terre..... ou de toutes autres personnes placées sous les ordres*

« *du capitaine ou embarquées ou employées à bord du navire ou des*
« *chalands et gabares, à quelque titre que ce soit, etc..... (Connaisse-*
« *ment de la Compagnie Générale Transatlantique. Art. VIII).* »

C'est-à-dire des clauses en opposition formelle avec les articles
216, 221 et 222 ci-dessus indiqués.

Il lit plus loin :

« *Le capitaine se réserve de charger sur le pont, aux frais et ris-*
« *que des marchandises, sans qu'il soit tenu d'en faire aucune décla-*
« *ration préalable aux chargeurs, les articles 229, 1er paragraphe et*
« *424, 2º paragraphe, du Code de Commerce étant annulés pour tous*
« *les chargeurs. (Connaissement de la Compagnie Le Quellec, Art. 5).* »

S'il poursuit sa lecture, il voit encore, par exemple, que pour la
recherche des objets égarés, certaines Compagnies se réservent trois
mois, d'autres quatre mois, d'autres cinq mois sans qu'il y ait lieu à
indemnité.

Que pour les colis perdus, les Compagnies limitent leur responsabilité à des chiffres très variables.

Pour les fûts vides la Compagnie Générale Transatlantique dit que
sa responsabilité est limitée à 35 francs par demi-muid, alors que
chacun sait que les contrats des loueurs de futailles prévoient le prix
de 50 francs.

La Compagnie de Navigation Mixte dit (Art. 11) :

« *Que sa responsabilité ne dépassera jamais cent francs par colis,*
« *quelle que soit la nature des objets perdus, et qu'en cas de retard*
« *dans la livraison imputable à une faute commise par elle, elle ne*
« *devra de dommages-intérêts que s'il est justifié d'un préjudice et*
« *seulement dans la limite du montant du fret.* »

Cette Compagnie dit plus loin (Art. 13) :

« *Que, par dérogation à l'article 310 du Code de Commerce, le fret*
« *est dû pour les liquides, fûts arrivant vides comme pleins.* »

La Compagnie des Transports Maritimes dit (Art. 19) :

« *Que, par dérogation à l'article 400 du Code de Commerce, il est*
« *convenu que tous frais, tous sacrifices faits dans l'intérêt du navire*
« *et de la cargaison, même en dehors du cas de péril imminent, sont*
« *considérés comme avaries communes et classés comme telles.* »

En ce qui concerne l'attribution de compétence, toutes les Compagnies ont grand soin de la réserver pour le tribunal de leur juridiction. On cite surtout le cas suivant :

La Compagnie Le Quellec effectue surtout des transports entre les
différents ports d'Algérie et le port de Rouen ; mais elle a son siège
social à Bordeaux et elle insère dans ses clauses de connaissement
la mention suivante (Art. 19) :

« *Toutes contestations ou difficultés à l'occasion de l'exécution des*
« *présentes devront être portées devant le Tribunal de Commerce de*
« *Bordeaux, même en cas d'appel en garantie ou de pluralité de*
« *défendeurs.* »

Il en résulte que le chargeur qui a une contestation pour un transport effectué entre Alger et Rouen est obligé de la soumettre au Tribunal de Bordeaux ; ce qui est en contradiction avec l'article 420 du
Code de procédure civile qui est ainsi libellé :

« *Le demandeur pourra assigner, à son choix, devant le Tribunal*
« *du domicile du défendeur, devant celui dans l'arrondissement*
« *duquel la promesse a été faite et la marchandise livrée, devant*
« *celui dans l'arrondissement duquel le paiement devait être*
« *effectué.* »

Et comme les Compagnies pouvaient craindre que les chargeurs
leur opposent qu'ils n'ont pas eu connaissance de ces clauses et que
ce n'est pas eux qui ont signé les connaissements qui les renferment,
on a eu soin d'ajouter une clause ainsi conçue :

« *Le présent connaissement doit être signé par les chargeurs, mais*
« *le défaut de signature ne préjudiciera pas à la valeur des clauses*
« *imprimées ou manuscrites y figurant, lesquelles sont parfaitement*
« *connues des chargeurs et sont obligatoires pour les parties.* »
«(*Connaissement de la Compagnie Havraise Péninsulaire, Art. 29*).

Alors que le Code de Commerce, dans son article 282, renferme la
prescription suivante :

« *Les connaissements en quatre originaux sont signés par le char-*
« *geur et par le capitaine, dans les 24 heures après le chargement.* »

On voit, d'après ce qui précède, que la préoccupation constante des
Compagnies de navigation et des armateurs a été de se soustraire
aux obligations du Code et de se mettre, en quelque sorte, au-dessus
de la loi.

Nous parlions tout à l'heure de la situation faite au chargeur habitant l'intérieur. Il envoie sa marchandise à la Compagnie maritime ;
l'agent de cette Compagnie établit le connaissement, le signe pour
le chargeur dont il devient le représentant ; il le signe aussi pour le
capitaine puisque celui-ci est, comme l'agent, un employé de la Compagnie ; en outre des clauses imprimées, inscrites au dos du connaissement, il lui est loisible d'en inscrire d'autres manuscrites, telles que
les suivantes :

« *Ne répondant pas des marques et numéros, ni du nombre des*
« *colis en mauvais état, colis chargés sur le pont, etc...* »

Et ces clauses sont opposables au chargeur et au destinataire de la
marchandise ; ainsi en a décidé la Cour de Cassation.

Souvent les tribunaux de commerce ont tenté de réagir ; notamment en ce qui concerne l'attribution de juridiction. Mais ces jugements frappés d'appel sont réformés.

On objectera que dans la pratique il arrive souvent que les Compagnies elles-mêmes renoncent à ces clauses par trop léonines ; que lorsqu'elles perdent des colis ou leur font des avaries, elles finissent par les rembourser. Mais elles le font parce qu'elles le veulent bien, parce qu'elles sentent bien qu'il y aurait injustice flagrante à s'y refuser, et surtout parce qu'elles ne veulent pas s'aliéner la clientèle ; mais elles n'y sont pas strictement tenues ; le chargeur est à leur discrétion, c'est le régime du bon plaisir.

A l'ouverture de la conférence de Londres de 1887, Sir Charles Parker Butt, juge à la Cour de l'Amirauté anglaise, n'hésitait pas à dire, en parlant des connaissements : « Ces soi-disant contrats ne signifient en réalité guère autre chose que ceci : « Vous me paierez le fret et je ferai ce qui me plaît de vos marchandises. »

Le 22 octobre 1895, M. Lebon, ministre du Commerce, déposait un projet de loi d'où nous extrayons ce qui suit :

« *Doivent être considérées comme nulles et non avenues toutes les*
« *clauses énoncées dans un connaissement, une charte-partie ou*
« *toute autre convention qui tendrait à diminuer ou à détruire les*
« *obligations résultant, pour les armateurs ou propriétaires de navi-*
« *res, du principe du contrat de transport qui consiste à délivrer les*
« *marchandises dans l'état où le transporteur les a reçues sauf les*
« *cas fortuits ou de force majeure.* »

Il est vrai que depuis, M. Lebon, devenu président de la Compagnie des Messageries Maritimes, tient un tout autre langage et combat ce qu'il défendait naguère.

Le Syndicat des exportateurs de Marseille, ému de cette situation, provoquait en 1902 la réunion d'un Congrès des chargeurs français.

Ce congrès se réunit les 2, 3 et 4 octobre et au cours de ses séances adopta un modèle de connaissement à soumettre aux armateurs.

Mais ceux-ci refusèrent de l'accepter.

Le Syndicat, poursuivant son œuvre, chargea M. Autran, professeur de droit maritime, de rédiger un projet de loi qui est actuellement soumis à l'examen d'une Commission nommée par le Ministre du Commerce.

Faut-il ajouter que les nations étrangères nous ont précédé ?

Faut-il citer la loi adoptée par les Etats-Unis et qui est connue sous le nom de « Harter Act » ?

Faut-il parler du connaissement adopté par la Chambre de Commerce de Hambourg ? Faut-il ajouter que l'Australie est entrée dans cette voie et que la jurisprudence italienne n'admet pas la validité des clauses d'exonération ?

La Chambre de Commerce d'Alger a appuyé les revendications du Congrès des Chargeurs. Notre commerce, en effet, souffre des clauses

abusives des connaissements en vertu desquelles les armateurs s'exonèrent de toute responsabilité et sont arrivés à supprimer les prescriptions du Code de Commerce qui les gênaient.

Mais elle appelle tout particulièrement l'attention des Pouvoirs
Publics et celle de la Commission réunie au Ministère du Commerce
sur la question de l'attribution de juridiction.

Elle estime abusive la clause en vertu de laquelle l'armateur indique, d'avance, le tribunal de son choix où devra être porté tout litige
entre le chargeur et lui, contrairement à l'article 420 du Code de
procédure civile.

Elle demande que dans la loi à intervenir, il soit interdit aux armateurs de déroger à cet article.

Elle a la conviction, en agissant ainsi, d'être l'interprète de tout
le commerce de la Colonie.

En outre, en attendant le vote et la promulgation de la loi à intervenir, elle demande à l'Etat, lors du renouvellement des contrats
postaux avec les Compagnies subventionnées, de leur imposer d'accepter les clauses du connaissement type, adopté par le Congrès des
Chargeurs, et de se conformer strictement aux prescriptions de l'article 420 du Code de Procédure civile.

Le Rapporteur,

P. RIGOLLET.

DÉLIBÉRATION

La Chambre adopte et convertit en délibération le rapport dont
elle vient d'entendre lecture.

Le Président de la Chambre de Commerce,

L. CASTAN.

CHAMBRE DE COMMERCE DE ROUEN

Les soussignés, Délégués de la Chambre de Commerce de Rouen, pour être entendus dans leurs explications à fournir à la Commission Interministérielle, chargée d'examiner s'il y a lieu d'apporter des modifications à la législation sur le connaissement, ont l'honneur de déposer devant la Commission les conclusions suivantes :

Considérant que, d'après l'article 216 du Code de Commerce, tout propriétaire de navire est civilement responsable des fautes du Capitaine, et qu'il peut s'affranchir, dans tous les cas, *de ses obligations*, par l'abandon du navire et du fret ;

Considérant, qu'en vertu d'une jurisprudence constante, contre laquelle, depuis plus d'une vingtaine d'années, les Chargeurs ont énergiquement, mais vainement protesté, l'Armateur, à raison des clauses d'irresponsabilité insérées dans les connaissements, peut s'affranchir de toutes les fautes, si lourdes soient-elles, même du vol, commis par le Capitaine, les gens de l'équipage ou ses préposés ;

Considérant que les Chargeurs offrent de faire disparaître en ce qui concerne les fautes nautiques seulement, toutes les responsabilités frappant l'Armateur, aux termes de l'article sus-visé ; que l'Armateur ne serait plus responsable des fautes de navigation, quelconques et si lourdes soient-elles, commises par le Capitaine, le pilote et les gens de l'équipage ;

Considérant que l'on ne saurait trop vivement protester contre la validité des clauses de non responsabilité absolue, que les Armateurs inscrivent dans leurs connaissements, — et en vertu desquelles ils chargent la marchandise moyennant un fret déterminé, — ne la rendant à destination que si bon leur plaît.

Considérant que ces clauses d'irresponsabilité absolue sont la violation flagrante du contrat de transport et des principes constitutifs de ce dernier ; qu'elles ont par cela même un caractère dolosif et contraire à l'ordre public ;

Considérant que la *distinction* entre les *fautes nautiques* commises par le Capitaine, le pilote et les gens de l'équipage en conduisant le navire, et les *fautes commerciales*, telles que vols à bord, défaut d'arrimage ou de surveillance à quai et à bord, mettrait fin aux abus criants qui pèsent si lourdement sur les commerçants en général, et les petits commerçants en particulier, au seul profit des Armateurs ;

Considérant que l'irresponsabilité des Compagnies de navigation n'a plus de bornes ; que l'insécurité des chargeurs est absolue et que ces derniers sont à la merci du bon plaisir et du bon vouloir des Armateurs ;

Considérant que l'exonération des fautes commerciales peut être considérée comme une prime au vol et à la négligence dans le contrat de transport ; que les résultats constatés jusqu'à ce jour en sont une preuve évidente ;

Considérant que depuis longtemps en France, le Commerce s'est préoccupé, sans pouvoir y parvenir, de mettre fin à un état de choses contraire à l'équité ; que les tribunaux Consulaires et les Cours d'Appel, dans des jugements et arrêts savamment motivés, ont vainement décidé que l'Armateur ne pouvait s'affranchir que de la responsabilité des fautes du marin, mais non des fautes commerciales dont il tire directement un profit illégitime ;

Considérant que la Cour de Cassation a reconnu que les clauses d'exonération étaient licites et valables ; que le Chargeur sait à quoi il s'expose lorsqu'il remet sa marchandise à l'Armateur et que d'après la Cour suprême la clause d'exonération prend le caractère d'une convention librement consentie ; que, d'autre part, tous les Armateurs insèrent dans leurs connaissements des clauses d'exonération et que dans ces conditions le Chargeur ne peut s'y soustraire puisqu'il est obligé d'accepter les formules des connaissements que tous les Armateurs rédigent eux-mêmes à leur profit personnel ;

Considérant que les Armateurs sont investis d'un monopole de fait qui devient de plus en plus grand et de plus en plus redoutable, au fur et à mesure de l'accroissement du tonnage des navires ; que la transformation survenue dans la construction de ces derniers a fait disparaître les affrètements particuliers que les Capitaines, Armateurs et Chargeurs discutaient librement entre eux ; que ces conventions devaient indiscutablement recevoir leur exécution pleine et entière ;

Considérant, que si pour les transports par voie ferrée les Commerçants ont encore la possibilité de réclamer les dispositions du tarif général, lorsqu'ils ne veulent pas subir les irresponsabilités protégeant les Compagnie de Chemin de fer en vertu de leurs tarifs spéciaux, il n'en est pas de même pour les transports par voie de mer pour lesquels les Chargeurs doivent subir la loi de l'Armateur ;

Considérant qu'une disposition législative s'impose pour remédier à un pareil système dont les abus ne sont plus à démontrer ;

Considérant que les Etats-Unis ont consacré par l'*Harter Act* du 13 février 1893 la réforme des connaissements ; que les formules des connaissements de Brême et de Hambourg contiennent des dispositions n'admettant pas l'irresponsabilité de l'Armateur en ce qui concerne les fautes commerciales ; que l'Australie, par l'acte du 15 décembre 1904, est entrée dans la même voie ; qu'en Italie les clauses d'exonération de toutes espèces de fautes sont reconnues illicites et non opposables aux chargeurs ; qu'en 1886, une proposition de loi fut déposée par plusieurs de nos députés, ayant pour objet d'ajouter à l'article 281 du Code de Commerce un paragraphe pour maintenir la responsabilité des Armateurs ou propriétaires de navires ;

Considérant que cette dernière disposition n'ayant pas été discutée par le Parlement, le Ministre du Commerce, dans son projet de loi du 22 octobre 1895 sur la révision des articles 281 à 285 du Code de Commerce, reproduisit dans son intégralité le paragraphe dont, en 1886, plusieurs députés avaient demandé l'adjonction à l'article 281 du Code de Commerce ;

Considérant que toutes les propositions qui ont été faites pour améliorer la situation fâcheuse dans laquelle se trouvent les Chargeurs et en général tous les Commerçants n'ont jamais été discutées, il est de la plus extrême urgence de sortir au plus vite d'une situation qui compromet aussi gravement leurs intérêts ;

Considérant que le projet de loi préparé par Mᵉ Autran paraît placer sur un pied de parfaite égalité, *quant aux fautes commerciales*, l'Armement français et l'Armement étranger ; que les dispositions qu'il contient sont sages et sauvegardent efficacement les intérêts des Chargeurs sans nuire à ceux des Armateurs ;

Les délégués soussignés, au nom de la Chambre de Commerce de Rouen, demandent énergiquement que le projet de loi préparé par Mᵉ Autran fasse l'objet d'une disposition législative qui mettra fin aux abus dont le Commerce a le droit de se plaindre.

LACOSTE, ANQUETIL, MONTREUIL.

CHAMBRE DU COMMERCE D'EXPORTATION

PARIS

Se référant à ses délibérations antérieures,
La Chambre du Commerce d'Exportation,

Considérant :

Que la question des clauses d'exonération insérées dans les connaissements est en discussion depuis de longues années ;

Que les abus qu'elles entraînent s'aggravent de plus en plus et qu'il est désirable dans l'intérêt du Commerce et de l'Industrie d'y mettre fin ;

Qu'il ne paraît pas possible pour atteindre ce but de compter sur une entente internationale ;

Que les efforts tentés pour arriver à une entente amiable entre les intéressés, Chargeurs et Armateurs, n'ont pu aboutir et que le différend ne peut être tranché que par l'intervention du législateur ;

Emet le vœu :

Que soient considérées comme nulles et non avenues toutes les clauses énoncées dans un connaissement, une charte-partie ou toute autre convention, qui tendraient à diminuer ou à détruire les obligations résultant pour les armateurs ou propriétaires de navires du principe du contrat de transport qui consiste à délivrer les marchandises dans l'état où le transporteur les a reçues, sauf les cas fortuits ou de force majeure.

Les armateurs ou propriétaires de navires pourront valablement s'exonérer des erreurs, négligences et fautes nautiques, résultant du commandement dans la manœuvre ou de l'exécution du commandement.

Les dispositions ci-dessus seront nécessairement applicables à toutes marchandises chargées en France par navires français ou par navires étrangers et nonobstant toute stipulation attributive de compétence ou de juridiction aux tribunaux étrangers, laquelle sera réputée nulle et non avenue.

Le Président,
P. FOURNIER.

CHAMBRE DES NÉGOCIANTS COMMISSIONNAIRES

et du Commerce Extérieur, Paris

M. LE PRÉSIDENT rappelle que le 3 novembre 1903, à la suite de l'adoption d'un remarquable rapport de notre collègue M. Collignon, nous avons émis le vœu suivant, et que le 12 avril 1904, MM. Limozin et Collignon ont été désignés par nous pour être entendus à titre consultatif par le Ministre du Commerce, lorsque nous avons appris que celui-ci avait, le 13 février 1904, institué une commission chargée d'examiner s'il y avait lieu d'apporter des modifications à la législation sur les connaissements.

La Chambre des Négociants-Commissionnaires et du Commerce Extérieur émet le vœu :

« Que les difficultés naissant dans des clauses léonines des « connaissements soient réglées par une entente internationale ;

« Mais considérant que la jurisprudence a modifié au profit des « armateurs les règles du droit commun, qu'il n'est pas juridique « de dire que les clauses des connaissements ont été acceptés par « les chargeurs, en connaissance de cause ; qu'en effet la pratique « commerciale et maritime permet, au contraire, d'affirmer que ces « clauses sont presque toujours indiquées après le chargement des « marchandises, et bien souvent encore malgré des contrats d'affrè- « tement qui ne parlent pas de ces clauses d'irresponsabilité ;

« Considérant en outre que cette situation ne pourrait plus être « modifiée que par un revirement de jurisprudence qui paraît de « plus en plus éloigné et problématique ;

« Considérant qu'une loi est devenue nécessaire pour réprimer les « abus commis sous le nom d'une soi-disant liberté des conventions, « mais que cette loi ne doit pas cependant entraîner des charges « nouvelles pour la Marine marchande, déjà trop lourdement « grevée ;

« Emet le vœu :

« 1° Qu'une loi édicte la nullité des clauses imprimées ou manus- « crites des connaissements, par lesquels les armateurs s'exonèrent « d'avance de toute responsabilité relative aux fautes commerciales « commises par leurs capitaines, équipages ou préposés ; mais les

« autorise à écarter toute responsabilité pour les fautes de
« navigation ;

« 2° D'écarter de l'avant-projet de loi la charte-partie, contrat
« spécial qu'on ne signe jamais sans l'avoir lu d'un bout à l'autre,
« contrairement à ce qui se passe pour les connaissements. »

Il est décidé que ce vœu, ainsi que le rapport de M. Collignon,
approuvant le connaissement-type du Congrès des chargeurs, seront
remis à M. le Ministre du Commerce lorsque nous serons appelés à
être entendus, et que M. Gabriel Fermé fera également partie de la
délégation.

Pour copie conforme,

COLLIGNON.

SYNDICAT DES GRAINS ET FARINES DE BORDEAUX

ET DU SUD-OUEST

Monsieur le Président de la Commission Interministérielle de la réforme du Connaissement.

Obligé de quitter la séance de la Commission, samedi dernier 17 courant, avant d'avoir pu faire la déposition particulière que j'avais l'intention de présenter, sur votre invitation j'ai l'honneur de vous adresser cette déposition.

Dans la réponse des Armateurs au rapport présenté au nom des Chargeurs par M. Artaud, il a été affirmé que tous les risques, tous sans exception, résultant ou pouvant résulter des clauses d'exonération, pouvaient être couverts par une Assurance.

M. Autran a réfuté cette assertion par des raisons générales. Je vous demande la permission de m'inscrire à mon tour en faux contre elle, et de vous citer, à l'appui, un des nombreux cas dans lesquels il est matériellement impossible de couvrir par une assurance les risques résultant de ces clauses.

Une des clauses d'exonérat'on, dans l'espèce la clause 10, paragraphe 2, des Connaissements des Messageries Maritimes dit :

« *En cas de retard dans la livraison imputable à une faute, il ne* « *sera dû de dommages-intérêts que s'il est justifié d'un préjudice,* « *et seulement dans la limite du montant du fret.* »

D'où il résulte que si le dommage pour le Chargeur, provenant du retard dans la livraison de sa marchandise, est plus élevé que l'indemnité constituée par le remboursement du fret, le Chargeur est lésé sans aucun recours possible contre qui que ce soit :

Voici un exemple :

Le 16 mai 1904, 'a maison Soustre et Faure, de Saïgon, remet à l'Agence des Messageries Maritimes de cette ville, en vertu d'un contrat régul'er de fret, la quantité de 1.900 sacs de poivre (110 tonnes environ) à destination de Marseille, Le Havre et Londres.

La Compagnie délivre aux Chargeurs un connaissement, — ou le document qui chez elle en tient lieu, et qui n'est, en réalité,. qu'un reçu pour être chargé, — en date du 21 mai 1904, par steamer *Polynésien* et *ou le suivant*. La Compagnie avait donc l'obligation étroite de charger, sinon par le *Polynésien*, au moins par le vapeur qu' suivait.

Mais le steamer *Polynésien* quitte Saïgon le 21 mai 1904, sans un seul de ces 1.900 sacs de poivre à bord, et le vapeur suivant, *Ernest-Simons* part à son tour le 2 juin dans les mêmes conditions.

C'est le 21 juin seulement que les 1.900 sacs sont embarqués sur le steamer *Australien.*

Or, ces poivres faisaient l'objet de contrats passés en novembre-décembre 1903, au cours alors en vigueur de fr. 72 les 50 kil., coût, fret et assurance, pour embarquement en mai 1904. Et il se trouvait que, par suite d'une forte baisse, les cours n'étaient plus, au moment de l'arrivée de l'*Australien*, que de fr. 60. Et ce qui était à redouter arriva. Un des acheteurs de Soustre et Faure, heureusement pour eux, celui d'un petit lot de 100 sacs, s'appuyant d'une part sur ce que le connaissement des Messageries Maritimes n'est pas un véritable connaissement et que, par suite, sa date ne faisait pas une preuve suffisante de l'embarquement ; d'autre part, sur le fait matériel que le poivre qui, suivant son contrat, devait être embarqué en mai, ne l'avait été en réalité que le 21 juin, refuse de prendre livraison et demande l'annulation du marché.

Soustre et Faure l'assignent devant le Tribunal de Commerce de Marseille et appellent en garantie la Compagnie des Messageries Maritimes dont la faute a provoqué l'incident.

La Compagnie reconnaît son tort et offre, conformément à la clause 10 de son connaissement, de rembourser à Soustre et Faure le montant du fret des 100 sacs sur la base de fr. 55 par 1.000 kil., soit 2 fr. 75 par 50 kil. Le Tribunal, — jugement du 19 décembre 1904, Soustre et Faure, Domergue et Cie et les Messageries Maritimes, — déclare l'acheteur bien fondé à refuser de prendre livraison, lui accorde la résiliation du marché, condamne Soustre et Faure aux dépens, et en ce qui concerne les Messageries Maritimes, prend acte de leur offre.

En conséquence, Soustre et Faure restent à la tête de 100 sacs de poivre, vendus par eux à fr. 72, qui ne valent plus que fr. 60, d'où une perte sèche pour eux de fr. 12 par 50 kil.

Par contre ils touchent des Messageries Maritimes le montant du fret, au taux de fr. 55 les 1.000 kil, soit fr. 2.75 les 50 kil.

Fr. 12 — 2.75 = fr. 9.25.

Soustre et Faure ont donc perdu dans cette circonstance fr. 9.75 par 50 kil., soit sur 6.000 kil., *fr. 1.110*, plus les dépens du procès.

Et si leurs acheteurs des autres 1.800 sacs avaient imité l'exemple de leur collègue, la perte se trouvait atteindre *une vingtaine de mille francs* sans absolument aucun moyen pour eux de se retourner contre qui que ce soit.

Je me borne à citer ce cas précis. Mais il peut y en avoir d'autres dont les conséquences seraient bien plus graves encore pour les Chargeurs. Celui, notamment, de refus par l'Administration de fournitures d'adjudication qui, n'étant propres qu'à la consommation administrative par suite de leurs conditionnements et emballages spéciaux, ne trouvent plus d'emploi dans la consommation courante.

Est-il possible de laisser plus longtemps les Chargeurs exposés à de pareils dangers provenant de la faute d'autrui ?

Veuillez agréer, Monsieur le Président, etc.

E. FAURE,

Président du Syndicat des Grains et Farines
de Bordeaux et du Sud-Ouest,
Délégué du Syndicat pour déposer devant
la Commission Interministérielle.

SYNDICAT

DES NÉGOCIANTS EN GROS EN VINS, SPIRITUEUX ET LIQUEURS

de Marseille et des Départements des Bouches-du-Rhône et du Var

Le Syndicat des Négociants en gros en Vins, Spiritueux et Liqueurs du Département des Bouches-du-Rhône a l'honneur d'exposer à la Commission interministérielle chargée d'examiner s'il y a lieu d'apporter des modifications à la législation du connaissement, que les exportateurs de liquides subissent, plus que leurs confrères exportateurs de produits solides, l'effet oppressif des clauses d'exonération.

Les fautes commerciales des préposés de l'armateur ont pour les chargeurs de liquides les mêmes conséquences que pour tous les autres expéditeurs et à cela se joint la conséquence de la clause : « *ne répondant pas des faussets* » que tous les transporteurs par eau ajoutent à leurs connaissements relatifs à des envois de liquides en fûts.

Le fausset est une petite cheville à l'aide de laquelle on bouche un trou fait à une futaille. Il ne fait courir aucun risque s'il est bien placé et certains fûts servant à des transports terrestres répétés sont criblés de faussets sans que cela mette le moins du monde en danger leur contenu.

Il est cependant admissible qu'un transporteur ne veuille pas courir le risque, si petit soit-il, inhérent à l'existence des faussets sur un fût qu'il reçoit et qu'il s'exonère par des réserves, mais à la condition que ces réserves portent sur les fûts reconnus chevillés ou porteurs de faussets au moment où ils sont confiés au transporteur.

On peut encore admettre, comme certaines Compagnies de de navigation l'ont pratiqué pendant une période assez courte, sur l'intervention, croyons-nous, de la Chambre de Commerce de Paris, que le transporteur s'exonère des conséquences des faussets *non apparents*. Les préposés d'une Compagnie de navigation ne peuvent pas soulever les cercles d'une futaille pour voir s'ils recouvrent des faussets et si, rrivé à destination, on constate qu'un fût a été vidé par un fausset placé sous un cercle, il est très naturel que le transporteur soit exonéré de ce chef de toute responsabilité.

La clause « ne répondant pas des faussets non apparents » ou les réserves pour les fûts reconnus chevillés s'expliquent et sont admises par le Commerce des Vins et Spiritueux, mais ce que ce Commerce ne peut pas admettre, c'est que les transporteurs s'exonèrent des conséquences des faussets placés sur les fûts pendant que ces fûts sont sous leur sauvegarde, c'est-à-dire des faussets dus à la négligence des préposés des armateurs ou à leur culpabilité.

C'est cependant la conséquence de la clause « ne répondant pas des faussets ». Le contenu d'un fût ne coule que par un trou ; ce trou est ou peut être déclaré un fausset, et chargeur et réceptionnaire se trouvent désarmés lorsque le transporteur, après avoir reçu du premier un fût plein et lui avoir remis un connaissement avec la clause « ne répondant pas des faussets », offre au dernier un fût vide chevillé en ajoutant que tout fût vidé par une autre cause que la fortune de mer ou le vice d'arrimage, est un fût dont le liquide s'est échappé par un fausset.

La situation du chargeur de liquides est encore aggravée dans cette circonstance par les prérogatives de l'Administration des Contributions indirectes. Si l'expédition a été faite de France en Algérie ou en Corse et s'il s'agit de spiritueux, la Régie réclame le double droit sur tout le manquant excédant le creux normal de route ou que ne justifient aucun événement de mer ou aucun procès-verbal de vice d'arrimage.

Comme les droits représentent généralement plus que la valeur de la marchandise, l'expéditeur de liquides peut perdre par le fait des clauses d'exonération beaucoup plus que la totalité de ce qu'il expédie, et, en fait, les manquants dans les spiritueux avec leurs conséquences fiscales ont pour effet, même en se produisant rarement, de supprimer tous les bénéfices du Commerce d'Exportation des spiritueux et de l'exposer constamment à des pertes qui, répétées, le mettraient hors d'état de continuer ses opérations.

Il y a là une situation de fait qui appelle l'attention de la Commission, mais elle se complique d'une situation de droit qui mérite toute sa sollicitude puisque la chaîne des responsabilités, ininterrompue du point de départ au point d'arrivée pour l'Administration des Contributions indirectes, subit une solution de continuité au point de vue de l'action de l'expéditeur contre le transporteur. Ne s'agit-il pas d'un transport maritime pour l'Administration comme pour le chargeur, et si ce transport bénéficie d'immunités nécessaires, pourquoi ces immunités n'exonèrent-elles que le transporteur et pas le chargeur des responsabilités qu'il encourt ?

L'Administration comprend si bien les inconvénients de cette situation qu'elle accueille généralement les réclamations contre le double droit et qu'elle réduit au droit simples ses exigences ; mais le droit simple représentant pour la plupart des cas une valeur très supérieure à celle de la marchandise, constitue déjà une très lourde charge pour l'expéditeur, qui ne doit subir aucune pénalité pour une

faute qui ne lui est nullement imputable et qui échappe complètement à son contrôle. Enfin, l'Administration a toujours le droit de
percevoir la double taxe.

Nous ne demandons pas que l'Administration soit désarmée, car
nous tenons surtout à ce que nos expéditions arrivent, sauf le risque maritime, intactes à destination. Pour cela il faut qu'il n'y ait
plus deux poids et deux mesures selon que le chargeur ou le transporteur est en cause, et que ce dernier réponde des fautes de ses
préposés vis-à-vis du chargeur comme le chargeur répond actuellement vis-à-vis de l'Administration des fautes commerciales de ses
préposés et de celles des préposés des transporteurs.

Il faut en un mot que les clauses d'exonération relatives aux fautes
commerciales des préposés de l'armateur soient supprimées.

Le Délégué,

A. ARTAUD.

SOCIÉTÉ POUR LA DÉFENSE DU COMMERCE DE MARSEILLE

Déposition de la Société relativement au projet de réforme des clauses d'irresponsabilité dans le contrat de transport Maritime.

« Messieurs,

« Depuis de longues années la Société pour la Défense du Commerce et de l'Industrie de Marseille s'est préoccupée des graves inconvénients et des dangers que présentent pour le Commerce tout entier les clauses d'irresponsabilité portées sur 'es connaissements, dans le but d'exonérer l'un des contractants de toute obligation de réparer le dommage qu'il cause, même lorsque ce dommage est la conséquence d'une faute.

« Elle s'est occupée plus particulièrement de la question en 1895 et 1904 en établissant des rapports et en les publiant.

« La Société pour la Défense, continuant à appuyer de tout son pouvoir le projet de réforme que vous étudiez, a l'honneur de vous exposer aujourd'hui ses observations et de déposer ses conclusions à l'appui.

« La Société pour la Défense du Commerce pense, tout d'abord, qu'il y a lieu d'établir des traitements différents suivant qu'il s'agit des fautes nautiques ou des fautes commerciales du capitaine ou des préposés de l'armateur.

« L'exonération des premières doit être admise, car il serait injuste de faire supporter à l'armateur les conséquences de fautes qui sont presque des fortunes de mer. Il n'en est pas de même des fautes commerciales qui ne sont commises, la plupart du temps, que par négligence, peut-être même volontairement, afin d'économiser les frais. Il doit donc être formellement interdit de s'exonérer de la responsabilité de ces dernières. Cette responsabilité de l'Armateur ne doit cesser qu'au moment de la livraison effective et non immédiatement après le débarquement, ce délai étant devenu absolument insuffisant de nos jours.

« Mais il est indispensable de prendre des mesures pour que l'armement étranger ne soit pas favorisé au détriment du nôtre.

« Dans ce but, les clauses d'irresponsabilité ainsi que celles attribuant compétence à un tribunal étranger doivent être déclarées nulles aussi bien sur les connaissements créés à l'étranger que sur ceux établis en France.

« Il paraît également qu'une autre concession ne peut se refuser à l'armement, c'est de l'autoriser à s'exonérer de ses fautes personnelles à charge à lui de justifier qu'il n'avait pu ni les prévoir ni les empêcher avant le départ du navire.

« Il est un point important sur lequel la Société pour la Défense du Commerce attire particulièrement votre attention, c'est sur la nécessité de laisser au commerce et aux armateurs toute liberté quand il s'agit d'une charte-partie, qui est un contrat librement discuté et dans laquelle les signataires doivent pouvoir insérer tout ce qui leur plaira, pourvu qu'ils respectent l'ordre public.

« Pour ce qui est de la question des indemnités en cas de retard et en cas de perte, les conclusions de la Société sont les suivantes :

« Pour le retard, il devra y avoir règlement suivant les principes généraux du droit, laissant à la charge du chargeur le fardeau de la preuve. Pour les indemnités en cas de perte il paraît équitable que le transporteur puisse en fixer à l'avance le montant, à moins que le chargeur ne prenne la précaution de déclarer la valeur sur le connaissement, mais, afin d'éviter des fraudes, il pourra lui être demandé, le cas échéant, de justifier des valeurs réelles.

« Quant aux clauses « poids, qualité et contenu inconnus » et « que dit être » elles paraissent devoir être maintenues par respect pour leur antiquité et surtout pour mettre l'armateur à l'abri des réclamations abusives de chargeurs peu scrupuleux.

« Telles sont les conclusions que la Société a l'honneur de vous soumettre et de recommander à votre bienveillante attention. »

L. YTIER,
Vice-Président Délégué.

COMITÉ DES ASSUREURS MARITIMES

DE PARIS

La Commission Interministérielle a bien voulu inviter les Assureurs Maritimes à présenter les observations que pouvait leur suggérer l'avant-projet de loi relatif aux connaissements.

Les observations des Assureurs maritimes sur cette question seront très brèves, d'autant plus brèves que, n'étant pas parties au contrat de transport, ils n'ont absolument aucune qualité pour intervenir au débat entre chargeurs et armateurs, ni aucun moyen d'apporter un appui quelconque à la réforme des abus qui ont motivé le projet en question.

Ils tiennent seulement à bien préciser leur attitude dans cette question des connaissements. On a dit, en effet, et l'on répète que ce sont eux qui sont les instigateurs du mouvement actuel : rien n'est plus inexact.

Dès 1882, la Conférence de Liverpool, sur le rapport de M. Mac-Arthur, préconisait la réforme. En 1886, M. Félix Faure déposait un projet de loi tendant au même but que celui qui est poursuivi aujourd'hui. En 1895, M. André Lebon reprenait ce même projet de loi : tout cela sans aucune ingérence quelconque des assureurs.

Certes, les assureurs suivent avec le plus vif intérêt les efforts faits par les chargeurs pour voir aboutir leurs revendications : il n'en saurait être autrement, car toutes les mesures ayant pour objet d'améliorer les conditions du transport des marchandises assurées par eux ne sauraient les laisser indifférents. Mais, ce qu'ils tiennent à déclarer bien nettement ici, c'est que si les efforts actuels des chargeurs venaient à échouer, ils n'hésiteraient pas à s'affranchir, dans leurs polices, de la responsabilité des fautes purement commerciales du capitaine et de l'équipage. Et en usant ainsi de leur droit incontestable de limiter leurs risques contractuels, ils ne feraient d'ailleurs, qu'on le remarque bien, que revenir — et encore dans une mesure restreinte — au droit commun en matière d'assurance maritime. On oublie trop en effet qu'aux termes du code de commerce, qui, pendant de longues années, a seul régi nos contrats d'assurance maritime, les assureurs répondent uniquement des pertes ou avaries résultant de la fortune de mer ou force majeure, et qu'ils sont expressément affranchis par l'article 353 de ce code de toutes les conséquences des fautes ou négligences du capitaine et de l'équipage, ce qui comprend aussi bien les fautes *nautiques* que les fautes *commerciales*.

Il n'entrera sans doute jamais dans leurs intentions d'en revenir à cette législation en ce qui concerne la faute nautique qui, comme on l'a dit très justement, constitue le plus souvent, même à l'égard de l'armateur, un véritable cas de force majeure. Mais on n'en saurait dire autant de la faute commerciale ; et il faut bien dire qu'au début, lorsque les assureurs ont consenti à garantir leurs clients contre toutes les conséquences des clauses d'exonération insérées dans les connaissements, il ne pouvait entrer un instant dans la pensée ni de l'un ni de l'autre des contractants que les armateurs en viendraient à s'exonérer même de fautes ou négligences qu'il dépend d'eux seuls, en leur qualité de gérants de l'entreprise commerciale, de prévoir et d'empêcher par le choix éclairé et la surveillance attentive du personnel placé sous leurs ordres.

Cette extension abusive des clauses d'exonération devait nécessairement avoir et a eu effectivement pour résultat une aggravation considérable de risques pour les assureurs sur facultés : aggravation d'autant plus redoutable qu'à la différence des risques de mer, que l'expérience leur permet toujours d'évaluer dans une certaine mesure, ceux résultant de la garantie des fautes commises dans la gestion de l'entreprise commerciale ne se prêtent absolument à aucune évaluation quelconque : c'est l'inconnu.

Un second effet de ces clauses a été d'entraîner *un déplacement de risques* absolument anormal, et contraire même au bon sens. Que les armateurs, comme tous chefs d'entreprise quelconque, se fassent couvrir, s'ils le peuvent, par une assurance spéciale contre les risques qu'entraîne pour eux la responsabilité civile des fautes de leurs préposés : rien de plus légitime. Mais au moins est-il de toute justice que, dans ce cas, ce soient eux-mêmes qui contractent personnellement cette assurance, eux-mêmes qui supportent la prime correspondant à ces risques spéciaux. Or, il n'en est pas ainsi, puisque, par l'insertion des clauses d'exonération dans les connaissements, ils ont trouvé le moyen, beaucoup plus simple et plus économique pour eux, de se décharger de ces risques sur les assureurs des marchandises. Ils ne s'en cachent d'ailleurs pas, et il n'est point rare de trouver dans les connaissements de grandes Compagnies de transports une clause stipulant, sans ambages, « que les armateurs « et le capitaine ne répondent d'aucunes pertes ou avaries surve- « nues, pour quelque cause que ce soit, à des marchandises *suscep- « tibles d'être couvertes par une assurance.* »

Les assureurs ont donc fini par trouver, eux aussi, cette situation intolérable, et en septembre 1900, dans une conférence internationale tenue à Paris et à laquelle étaient représentées toutes les grandes Compagnies d'assurances maritimes d'Europe, ils ont adopté la résolution suivante :

« Les assureurs sur facultés acceptent les clauses d'exonération « insérées dans les chartes-parties et connaissements qui visent les « fautes nautiques du capitaine et de l'équipage dans la conduite du

« navire ; mais *ils ne prennent pas à leur charge les conséquences*
« *des clauses insérées dans les chartes-parties et connaissements qui*
« *affranchissent l'armateur de sa responsabilité pour les fautes*
« *commerciales du capitaine et de l'équipage.* »

Depuis lors, prenant en considération le grand mouvement dont
les représentants les plus autorisés du commerce et de l'industrie
ont pris l'initiative en faveur d'une modification de la législation
sur ce point, ils ont consenti à ajourner quelque temps encore l'exécution d'une mesure qui devait primitivement être appliquée dans
un bref délai. Mais, nous le répétons, si ce mouvement devait rester
sans résultat, ils n'hésiteraient pas à mettre cette résolution en
pratique.

Le Président du Comité,

G. MABIRE.

DOCUMENTS ANNEXES

ANNEXE I

Clauses du Connaissement-type adopté par le Congrès des Chargeurs, le 2 octobre 1902

ART. I. — Les Armateurs doivent mettre le navire en bon état de navigabilité, pourvoir à son armement, équipement et approvisionnement, de façon à lui permettre d'accomplir convenablement son voyage.

Ils répondent des fautes et de la négligence des gens à leur service, en ce qui concerne le bon arrimage, la garde et la livraison des marchandises, ainsi que des soins à leur donner à partir du moment où elles leur ont été confiées, jusqu'au moment de leur livraison au destinataire, dans les conditions déterminées à l'Article IV.

Toutes les stipulations et clauses contraires aux dispositions qui précèdent seront nulles et non avenues ; elles n'auront aucun effet en justice.

ART. II. — Les Armateurs seront exempts des périls de mer, feu, ennemis, pirates, attaques de corsaires, arrêt et contrainte de princes, gouvernants et belligérants, et barateries dolosives du capitaine.

Ils ne répondront pas des avaries et pertes causées par abordages, échouement et tous autres accidents de navigation, quand même l'avarie ou la perte en provenant pourrait être attribuée à quelque faute, négligence ou erreur de jugement du pilote, du capitaine, des matelots ou autres gens au service de l'armateur, dans le commandement du navire ou l'exécution des manœuvres ou ordres, ni des avaries ou pertes par suite d'explosion, rupture de chaudières ou tuyaux, bris d'arbres de couche ou toute défectuosité cachée dans la coque ou les pièces de machine (ne résultant pas dans un cas ou dans l'autre du mauvais état de navigabilité ou du manque de soins mis à la charge de l'armateur ou du propriétaire du navire, suivant l'article I) ; ni du dépérissement, putréfaction, vermine, rouille, buée de cale, changement de caractère, contraction ou réduction de volume, coulage, casse, avarie de pays ou toute autre avarie provenant de la nature des marchandises dont on ne pourrait constater extérieurement l'état ; ni d'erreurs occasionnées par inexactitude, oblitération ou absence de marques, numéros, adresses ou désignations des marchandises embarquées.

ART. III. — Lorsque les marchandises auront été reçues dans les hangars de l'armateur, sur le quai ou dans les allèges, ces marchandises seront considérées comme prises en charge, en tant qu'il s'agit de la responsabilité des armateurs et du navire.

ART. IV. — Si les marchandises ne sont pas reçues sans retard par le consignataire, ou dans le délai qui est stipulé par les règlements ou usages en vigueur au port de débarquement, elles pourront être mises à terre sur pontons ou allèges par le capitaine, aux frais de leurs propriétaires et dans un délai de 48 heures après le débarquement aux risques de ces derniers.

ART. V. — Les poids, mesure, qualité, contenu et valeur quoique mentionnés dans le connaissement seront considérés comme inconnus du capitaine à moins d'une convention formelle stipulant le contraire.

Ne sera pas considérée comme convention formelle contraire la simple signature du connaissement.

ANNEXE II

Avant-Projet de Loi Autran, relatif aux Clauses d'irresponsabilité dans le Contrat de Transport Maritime.

Addition proposée à l'article 216 (Code de Commerce)

Tout propriétaire d'un navire faisant le transport des passagers et ou des marchandises à destination ou au départ d'un port français, peut s'exonérer de la responsabilité des avaries ou des pertes résultant des fautes ou erreurs de navigation ou de conduite du navire, émanant soit du capitaine, soit du pilote, soit des officiers ou autres gens de l'équipage.

Il est interdit à tout capitaine, armateur, propriétaire de navire, à leurs agents, courtiers et représentants d'insérer dans toute charte-partie, connaissement, billet de bord, reconnaissance, titre de transport, papier d'embarquement quelconque créés en France, toute clause, convention, stipulation quelconque, aux termes de laquelle les personnes sus-nommées s'affranchiraient, en tout ou en partie, des pertes ou avaries résultant des négligences, fautes lourdes ou légères dans le chargement, l'arrimage, la garde, le soin et la l'vraison convenables des marchandises légales à eux confiées et ce à partir du moment où la marchandise leur a été remise jusqu'au moment de la délivrance effective aux réceptionnaires.

Toute contravention aux dispositions qui précèdent exposent les personnes sus-nommées conjointement et solidairement au paiement, en faveur du chargeur, du demi-fret convenu.

Toutes conventions contraires aux dispositions qui précèdent seront nulles et de nul effet, aussi bien à l'égard des contrats de transport créés en France que de ceux créés à l'Etranger.

Le propriétaire du navire, en justifiant qu'il a fait toute diligence pour armer, équiper, approvisionner son navire et le rendre à tous égards navigable avant le départ, pourra s'exonérer de la responsabilité dérivant des accidents survenant à la coque, machine, agrès et apparaux du navire que la prudence ordinaire d'un père de famille ne pouvait, avant le départ, ni prévoir, ni empêcher.

Addition proposée à l'article 273

Il est interdit de déroger aux dispositions prévues par les §§ 5 à 10 de l'article 216.

Toute clause d'une charte-partie attribuant compétence à un tribunal étranger est nulle et de nul effet et n'emporte pas renonciation au bénéfice de l'article 14 du Code civil.

Le transporteur ne peut s'exonérer par une somme fixée à l'avance du préjudice résultant du retard dû soit à une faute personnelle, soit à une faute commerciale de ses préposés. Ce préjudice est réparé conformément aux principes généraux du droit.

Sauf le cas où la valeur d'un objet transporté est spécialement déclarée au transporteur et acceptée par lui, ce dernier, en cas de perte ou d'avarie, a le droit de limiter sa responsabilité à une somme fixée d'avance. Malgré toute déclaration de valeur acceptée par le transporteur, ce dernier a toujours le droit de demander la justification des valeurs réelles en cas de réclamation pour perte ou avarie.

Addition proposée à l'article 281

Il est interdit de déroger aux dispositions prévues par les §§ 5 à 10 de l'art. 216.

Toute clause d'un connaissement attribuant compétence à un tribunal étranger est nulle et de nul effet et n'emporte pas renonciation au bénéfice de l'article 14 du Code civil.

Le transporteur ne peut s'exonérer par une somme fixée à l'avance du préjudice résultant du retard dû soit à une faute personnelle, soit à une faute commerciale de ses préposés. Ce préjudice est réparé conformément aux principes généraux du droit.

Sauf le cas où la valeur d'un objet transporté est spécialement déclarée au transporteur et acceptée par lui, ce dernier, en cas de perte ou d'avarie, a le droit de limiter sa responsabilité à une somme fixée d'avance. Malgré toute déclaration de valeur acceptée par le transporteur, ce dernier a toujours le droit de demander la justification des valeurs réelles en cas de réclamation pour perte ou avarie.

ANNEXE III

ÉTATS-UNIS D'AMÉRIQUE

Loi sur la navigation, les navires, les connaissements et sur certaines obligations, certains droits et devoirs relatifs au transport des marchandises (Harter Act).

Le Sénat et la Chambre des représentants des Etats-Unis d'Amérique, assemblés en Congrès, ont adopté la loi suivante :

ARTICLE 1. — Il ne sera pas légal, de la part de l'administrateur, agent, capitaine ou armateur de tout navire faisant le transport des marchandises au départ des ports des Etats-Unis entre ces ports ou venant des ports étrangers, d'insérer dans les connaissements ou autres papiers d'embarquement une clause, stipulation ou convention quelconque aux termes de laquelle les dits administrateur, agent, capitaine ou armateur ne seront pas responsables des pertes ou avaries résultant des négligences, fautes ou défauts dans le chargement, l'arrimage, la garde, le soin ou la livraison convenables de toutes les marchandises à eux confiées. Tous mots ou clauses à cet effet insérés dans des connaissements ou reçus d'embarquement seront nuls et non avenus, et sans effet.

ART. 2. — Dans le cas d'un navire quelconque faisant le transport des marchandises au départ des ports des Etats-Unis d'Amérique et entre ces ports et les ports étrangers, il ne sera pas légal de la part de son armateur, capitaine, agent ou administrateur d'insérer dans un connaissement ou papier d'embarquement quelconque une stipulation ou convention aux termes de laquelle les obligations pour l'armateur ou les armateurs dudit navire de faire diligence pour armer, équiper, approvisionner et préparer convenablement ledit navire, et pour le mettre en état de tenir la mer et d'accomplir le voyage projeté, ou aux termes de laquelle les obligations du capitaine, des officiers, agents ou employés, de soigneusement manier, arrimer, garder et livrer la cargaison, seront le moins du monde diminuées, atténuées ou éludées.

ART. 3. — Si l'armateur d'un navire faisant le transport des marchandises à destination ou au départ d'un port quelconque des Etats-Unis d'Amérique fait diligence pour que ledit navire soit à tous les points de vue en état de tenir la mer et qu'il soit convenablement armé, équipé et approvisionné, ni le navire, ni armateur ou armateurs, agent ou affréteur ne deviendront ou seront responsables des avaries ou des pertes résultant des fautes ou d'erreurs de navigation ou de conduite dudit navire ; et le navire, ses armateur ou

armateurs, affréteur, agent ou capitaine ne seront pas responsables
des pertes occasionnées par les dangers de la mer ou autres eaux
navigables, par le fait de Dieu ou de l'ennemi, ou par les défauts
naturels, la qualité ou l'imperfection de la marchandise transpor-
tée, ou par l'insuffisance de l'emballage, ou par la saisie par les
voies légales, ni des pertes résultant d'un acte ou d'une omission
quelconque de la part de l'expéditeur ou du propriétaire des marchandises, de son agent ou représentant, ou encore résultant d'un
sauvetage ou d'une tentative de sauvetage à la mer d'hommes ou de
marchandises, ou de toute déviation de route occasionnée par ce
sauvetage.

Art. 4. -- Il sera du devoir des armateur ou armateurs, capitaine ou agent de tout navire faisant le transport des marchandises
au départ des ports des Etats-Unis et entre ces ports et des ports
étrangers, de délivrer aux expéditeurs de toute marchandise légitime un connaissement ou papier d'embarquement indiquant, entre
autres choses, les marques nécessaires pour faire reconnaître les
colis, le nombre ou la quantité de ces colis, si le poids est fixé par
l'expéditeur ou par celui qui fait le transport, l'état apparent des
marchandises livrées à l'armateur, au capitaine ou à l'agent du
navire pour être transportées, et reçues par lui, et ledit document
constituera une preuve de *prima facie* que les marchandises qui y
sont décrites ont été reçues.

Art. 5. — Pour la violation de l'un quelconque des articles de
cette loi, l'agent, l'armateur ou le capitaine du navire qui se sera
rendu coupable de cette violation et qui refusera de délivrer, quand
on le lui demandera, un connaissement comme il est stipulé ci-dessus, sera passible d'une amende maximum de deux mille dollars.
Le montant de l'amende et les frais encourus pour cette violation
auront pour gage le navire dont l'agent, l'armateur ou le capitaine
s'est rendu coupable de ladite violation, et, en conséquence, des
poursuites pourront être exercées contre ledit navire devant n'importe quelles Cours de districts des Etats-Unis dans la juridiction
de laquelle le navire pourra être trouvé. Une moitié de cette amende
reviendra à la partie lésée par ladite violation et l'autre moitié au
gouvernement des Etats-Unis.

Art. 6. — Cette loi ne sera pas considérée comme modifiant ou
rapportant les articles 4281, 4282 et 4283 des statuts révisés des Etats-
Unis ou tout autre statut établissant la responsabilité des navires,
de leurs armateurs ou représentants.

Art. 7. — Les articles 1 et 4 de la présente loi ne s'appliqueront
pas aux transports des animaux vivants.

Art. 8. — La présente loi sera exécutoire à partir du 1er juillet
1893.

Approuvé à Washington, le 13 février 1893.

ANNEXE IV

EXTRAITS DE CONNAISSEMENTS FRANÇAIS

Exonération des fautes ou actes quelconques du personnel naviguant.

Compagnie Fraissinet, article 21. — La Compagnie ne répond pas des barateries, vices d'arrimage, négligences ou fautes quelconques des Capitaines, des hommes d'équipage, mécaniciens, chauffeurs, ou de toutes autres personnes embarquées ou travaillant à bord du navire ou des chalands, allèges ou gabarres ou à terre ou dans les magasins ou hangars à quelque titre que ce soit, tant dans l'exploitation commerciale que pendant la navigation, etc., etc...

Faculté de débarquer les marchandises ailleurs qu'à leur destination.

Compagnie Mixte, article 9. — Lorsque, par suite des nécessités du service, des exigences des itinéraires de la Compagnie *ou de toute autre cause*, la marchandise ne sera pas débarquée à son point de destination, le Capitaine est autorisé à la garder à bord pendant les voyages suivants ou à la débarquer dans un autre port d'où elle sera rapportée ensuite, sans que l'on puisse prétendre à aucune indemnité pour le retard : cette prolongation de voyage s'effectuera aux risques de la marchandise quels que soient la voie suivie et les moyens de transport.

Liberté de charger sur le pont au grand cabotage sans le consentement du chargeur.

Compagnie Fraissinet article 11. — ... ... Le Capitaine est autorisé à charger ces marchandises sur le pont sans déclaration préalable au chargeur comme aussi, etc., etc...

Exonération des vices d'arrimage.

Compagnie Fraissinet, article 5. — Le Chargeur déclare dispenser le Capitaine et la Compagnie de faire procéder à aucune constatation d'arrimage, etc., etc...

Article 21, même Compagnie. — La Compagnie ne répond pas des barateries, vices d'arrimages, etc., etc...

Retard, délai pour la livraison des Manquants. — Limite maximum fixée par les Armateurs pour leur responsabilité en pareil cas.

Compagnie Fraissinet, article 3. — La Compagnie et le Capitaine se réservent un délai de quatre mois pour les recherches à faire pour les colis manquants sans indemnité. En cas de perte dont ils aient à répondre, etc., etc ... ... La responsabilité du capitaine et de la Compagnie ne dépassera jamais 100 francs par colis ou 1 franc par kilog, etc ... ... Pour qu'il y ait dommages-intérêts, il faut qu'il y ait dans tous les cas préjudice établi et ces dommages-intérêts ne peuvent en aucun cas dépasser le montant du fret.

Faculté de garder les marchandises à bord pendant un ou plusieurs voyages suivant les besoins du service de la Compagnie, même pour une cause quelconque, et ce aux risques de la marchandise.

Compagnie Fraissinet, article 12. — Lorsque par suite d'une *cause quelconque*, exigence du service ou *toute autre cause*, le débarquement de la marchandise n'aura pas été effectué au port de destination, le Capitaine et la Compagnie sont autorisés à la déposer, si la chose est possible, au port le plus voisin de son itinéraire, d'où elle sera rapportée par un des paquebots de la Compagnie ou par tous autres, ou par Chemin de fer, sans que l'on puisse prétendre à aucune indemnité pour le retard ; ou à ne la débarquer que dans le voyage de retour ou même la ramener au point de départ. Cette prolongation de voyage s'effectuera aux frais de la Compagnie mais aux risques et périls de la marchandise.

Dérogation à l'article 400 du Code de Commerce et à la Jurisprudence en matière d'avaries communes.

Compagnie Fraissinet, article 19. — Par dérogation à l'article 400 du Code de commerce et s'il y a lieu ... ... sont considérés comme avaries communes et classés comme tels, toutes dépenses, tous frais et tous sacrifices faits, exposés ou encourus par suite des mesures prises dans l'intérêt commun du navire et de la cargaison, même en dehors du cas de péril actuel ou imminent.

ANNEXE V

EXTRAITS DE CONNAISSEMENTS ALLEMANDS

Hambourg America Linie — Nörddeutscher Lloyd

TRADUCTION

1° Les armateurs sont responsables de tous dommages provenant des défauts du navire, excepté dans le cas où ces défauts n'auraient pas pu être découverts pendant l'inspection usuelle et soignée du navire, ils sont aussi responsables des fautes de leurs serviteurs et de leurs employés en ce qui concerne l'arrimage, la garde, la manipulation et la livraison de la marchandise.

Tous accords ou clauses contraires sont considérés comme nuls et non avenus et n'ont aucune valeur juridique.

Woermann Linie (Côte Occidentale d'Afrique)

A bord du vapeur Allemand ... ...

1° Les armateurs seront responsables de ce que le navire soit convenablement équipé, armé, approvisionné et disposé, et sous tous 'es rapports en état de navigabilité et capable d'accomplir son voyage projeté, ainsi que des fautes et de la négligence des gens à leur service dans toutes les affaires se rapportant au bon arrimage, à la garde, aux soins et à la livraison des marchandises.

Toutes les stipulations et clauses contraires seront nulles et non avenues et n'auront aucun effet en justice.

Deutsche Ost Africa Linie

A bord du vapeur Allemand ... ...

1° L'armateur est tenu responsable de la mise en bon état du navire, de ce qu'il est armé, équipé et approvisionné, ainsi que de ce qu'il est mis dans un état de navigabilité parfaite et qu'il est en tous points capable d'effectuer le voyage projeté ;

Il est aussi responsable des fautes et des négligences de ses employés en ce qui regarde l'arrimage, la garde, la manipulation et la livraison des marchandises.

Tous accords ou clauses contraires sont considérés comme nuls et non avenus et n'ont aucune valeur jurid'que.

ANNEXE VI

EXTRAITS DE CONNAISSEMENTS ANGLAIS

Eastern Trade Bill of Lading Homeward
au nom de Volkart Brothers

Embarqué en bon ordre et conditionnement par Volkart Brothers
à bord du vapeur *Denbigshire*, dont le capitaine pour le présent
voyage est M. Evans, amarré dans le port de Tellichory et destiné au
Havre, vià le Canal de Suez, avec faculté de décharger et de recevoir
des marchandises et des passagers dans quelque port que ce soit et
de prendre du charbon ou autres provisions nécessaires à n'importe quel port ou ports intermédiaires, de naviguer avec ou sans
pilotes et de remorquer ou assister tous navires dans tous les cas de
détresse ... ...
... ...
et à délivrer sous réserve des conditions et exonérations ci-après :

Poids, dimensions, qualité, contenu et valeur inconnus.

Le fait de Dieu, voleurs sur terre et sur mer, arrêts de princes,
gouverneurs ou peuples, pertes ou avaries causées par les machines.
les chaudières ou la vapeur ou de l'explosion, de l'échauffement et de
l'incendie à bord, dans les barques ou allèges, ou à terre, le jet, la
baraterie, tout acte, négligence ou faute quelconque des pilotes, capitaine ou équipage dans la direction ou navigation du navire, ainsi
que tout danger et accident de la mer, des rivières et canaux et de
navigation quelconque sont exceptés.

Le navire n'est pas responsable pour emballage insuffisant ou détérioration normale des emballages, pour erreurs, oblitérations ou
absence de marques, numéros, adresse ou désignation des marchandises chargées, pour coulage, débris, perte ou avarie par poussière de
charbon, lorsque le navire charbonne pendant le voyage, transpira-
tion, oxydation, déchet normal.

Les amendes, dépenses ou pertes pendant la détention du navire
ou de la cargaison, causées par les marques incomplètes ou des désignations incorrectes des contenus ou du poids ou par toutes autres
formalités requises par les autorités du port de débarquement sur les
emballages ou les connaissements seront supportées par les propriétaires des marchandises.

ANNEXE VII

TRIBUNAL DE COMMERCE DE MARSEILLE

Clauses de Connaissement

Attendu qu'il résulte des débats que Piétri a remis à Padovani, de Bastia, à la date du 27 décembre 1900, divers colis avec mission de les lui expédier de cette ville à Versailles.

L'envoi en a été fait sur Marseille par le vapeur *Lou Cettori*, de la Compagnie Fraissinet, pour être réexpédié sur Versailles par les soins du correspondant ici de Padovani.

Attendu que ce réceptionnaire, dès l'arrivée à Marseille du vapeur *Lou Cettori*, a signalé à la Compagnie Fraissinet le manquant d'un des colis ;

Attendu que la Compagnie Fraissinet l'a également constaté, ainsi qu'il résulte des débats et qu'elle a depuis retrouvé ce colis de linge et d'effets usagés, dirigé par elle sur Port-au-Prince (Haïti), d'où elle l'a fait revenir, le mettant à la disposition des intéressés en avril 1902 ;

Attendu que Piétri a assigné Padovani devant le Tribunal de Commerce de Bastia comme responsable du retard de vingt mois, survenu dans la livraison du dit colis et du dommage en résultant ;

Attendu que par jugement en date du 6 août 1902 le Tribunal de Commerce de Bastia a admis les fins et conclusions de Piétri, quant à la responsabilité de Padovani, considérant ce dernier comme tiers interposé et ayant pris charge des colis de Piétri et en devant la bonne remise à ce dernier ;

Attendu que par suite le Tribunal de Commerce de Bastia, après l'expertise du colis retrouvé, fixant à fr. 1.293.75 la valeur de celui-ci, a condamné Padovani à payer à Piétri :

1° La somme de 159 fr. 60 pour détérioration du contenant et du contenu ;

2° Celle de 250 francs à titre de dédommagement du préjudice subi par la privation durant vingt mois du colis égaré par la Compagnie Fraissinet ;

3° Le montant des dépens liquidés à la somme de 117 fr. 05. Soit au paiement à Piétri d'une somme totale de 526 fr. 85 ;

Attendu que Padovani cite la Compagnie Fraissinet en garantie et en responsabilité, lui demande le remboursement de la somme de 526 fr. 85 par lui payée, plus les dommages pour le préjudice et les frais à lui causés, ensemble 1.600 francs ;

Attendu que cette Compagnie conclut au déboutement des fins et conclusions de Padovani, excipant à cet effet de partie de la clause imprimée de ses connaissements portant le n° 3 et disant :

« En cas de retard imputable à la Compagnie ou au Capitaine, il ne sera dû de dommages-intérêts que s'il y a préjudice absolument établi et leur montant ne pourra, en aucun cas, dépasser le montant du fret. »

Ce à quoi elle se conforme, offrant de rembourser pour dédommagement 38 fr. 75 montant du fret perçu ;

Attendu que, admise, cette offre consacrerait le principe qu'un tiers interposé pour l'envoi de marchandises serait responsable jusqu'à destination des faits, actes ou négligences des Compagnies de navigation, dont il est dans la nécessité absolue d'emprunter les services ; celles-ci au contraire, durant le temps où elle aurait charge des mêmes marchandises, s'exonèreraient de toutes responsabilités, même résultant de leur propre faute, au moyen des clauses, par elle insérées à leur gré, dans leurs propres connaissements ;

Attendu que devant de pareilles conséquences, mettant à la charge de qui y est étranger, la faute commise, et renvoyant indemne ou à peu près celui l'a faite, il est établi de façon trop saisissante que les clauses imprimées des connaissements visant à l'exonération de la responsabilité des Compagnies de navigation, ne peuvent être admises par le Tribunal pour sortir à effet, sous la seule raison qu'elles figurent sur ses connaissements.

Par ces motifs :

Le Tribunal dit que c'est à bon droit que le sieur Padovani a appelé en garantie la Compagnie Fraissinet pour le relever des indemnités par lui encourues du fait de retard de vingt mois dans la livraison du colis égaré puis retrouvé par cette Compagnie, la condamne à payer à Padavani la somme dont il a à tenir compte à Piétri soit : 526 fr. 85 plus 50 francs de dommages-intérêts, dépens à la charge de la Compagnie Fraissinet.

Juges : MM. DAUPHIN, ARTAUD, TOURRE. (30 décembre 1902).

Ce jugement a été réformé par la Cour d'appel le 29 juillet 1903, la Compagnie Fraissinet déchargée de toute responsabilité et Padovani débouté et condamné aux dépens.

ANNEXE VIII

**Jugement condamnant une Compagnie de Navigation
à rembourser sept balles de laine égarées**

TRIBUNAL DE COMMERCE DE MARSEILLE

Navire *Turkistan.*

Assouad Frères contre Anglo-Arabian and Persian Cy.

« Le Tribunal,

Attendu que Assouad Frères réclament à la Compagnie défenderesse la somme de 1850 fr. 70, montant de sept balles laines, à leur adresse ayant manqué au débarquement du *Turkistan*, lors de son arrivée à Marseille le 26 octobre 1896 ;

Attendu que ladite Compagnie prétend s'exonérer en excipant de l'article 2 de ses connaissements, qui porte que les armateurs ne répondent pas de tout acte, erreur, négligence ou défaut de pilote, capitaine ou équipage ou tous autres serviteurs de l'armateur dans la gérance ou navigation du navire ou autrement (in the management or the navigation of the ship) ;

Attendu qu'un arrêt de la Cour de Cassation du 6 février 1889 a posé les principes dans un cas analogue en déclarant que :

« Tout défendeur est tenu de prouver les faits sur lesquels il fonde « l'exception qu'il oppose à la demande intentée contre lui ; »

Que, pour pouvoir invoquer la cause de non-responsabilité stipulée dans les connaissements, la Compagnie défenderesse devait d'abord établir que les marchandises avaient péri ;

Attendu, en d'autres termes, que la Compagnie défenderesse, alors que les colis dont elle a pris la charge ne sont pas représentés, est tenue, pour décharger sa responsabilité, de justifier que leur disparition est le fait de l'un des cas prévus audit article 2 ; qu'elle ne saurait se borner, pour s'exonérer de l'obligation de représenter les marchandises dont elle a pris chargement, à exciper de la clause précitée des connaissements sans produire aucune justification ;

Attendu qu'il est constant que les trois balles par elle offertes ne font nullement partie du lot chargé à l'adresse des demandeurs ; que son offre ne saurait être prise en considération pour décharger en fait sa responsabilité ;

Par ces motifs :

Sans s'arrêter aux fins de non-recevoir opposées par la Compagnie défenderesse, condamne cette dernière à payer à Assouad frères, la somme de 1850 fr. 70, montant des sept balles de laines égarées, avec intérêts de droit et dépens. »

Du 7 Juillet 1897. — *Prés.*, M. GIRARD-CORNILLON, président. — *Plaid.*, Mᵉˢ AUTRAN et NEGRETTI, avocats.

Arrêt de la Cour d'Appel d'Aix confirmant le jugement précédent

COUR D'APPEL D'AIX

Navire *Turkistan.*

Anglo-Arabian and Persian Cy contre Assouad Frères.

« La Cour,

Attendu que la Compagnie appelante ne fait pas la preuve que les marchandises dont Assouad Frères lui réclament le paiement aient été remises au capitaine du *Turkistan* et que leur disparition provienne de l'un des cas prévus à l'article 2 des connaissements ;

Qu'il n'est pas contesté que dans des circonstances semblables elle ait indemnisé Assouad Frères des manquants constatés sur des marchandises dont ceux-ci l'avaient chargée d'effectuer le transport ;

Attendu que les intéressés sont fondés à ne pas accepter les balles qui leur sont offertes, lesquelles ne portent pas leurs marques ;

Par ces motifs et ceux des premiers juges, confirme. »

Du 3 Mars 1898. — 2ᵐᵉ Chambre. *Prés.*, M. MALLET, présid. — *Avoc. gén.*, M. LAFOND DU CLUZEAU. — *Plaid.*, Mᶜˢ ABRAM et DRUJON, avocats.

Arrêt de la Cour de Cassation, cassant l'arrêt de la Cour d'Aix et exonèrant finalement la Compagnie de Navigation de l'obligation de restituer ou rembourser la valeur des sept balles de laine égarées et condamnant le réceptionnaire à en payer le fret !

COUR DE CASSATION (Chambre Civile)

Navire *Turkistan.*

Anglo-Arabian and Persian Cie contre Assouad Frères.

Premier moyen. — Violation des articles 222, 281 et 283 C. com., 1134, 1315 C. civ., fausse application des articles 103 C. com., 1382 et suiv. C. civ., en ce que l'arrêt attaqué a mis à la charge d'un armateur, exonéré des fautes du capitaine, l'obligation de prouver que la

marchandise manquant au débarquement avait été réellement chargée et avait disparu par la faute du capitaine, tandis que c'est au
réclamateur qu'il incombait de détruire la présomption de chargement, et, par voie de conséquence, la présomption de faute de la part
du capitaine, qui se trouvait dans l'impossibilité de livrer la marchandise.

ARRÈT :

« La Cour,
Sur le premier moyen,
Vu les articles 1134 et 1135 C. civil :

Attendu qu'en réponse à l'action d'Assouad Frères qui lui récla-
maient une somme de 1.850 fr. 70 pour valeur de sept balles de laine
à leur adresse qui avaient manqué au débarquement du vapeur
Turkistan, lors de son arrivée à Marseille, le 26 octobre 1896, la Compagnie Anglo-Arabian excipait de l'article 2 du connaissement, aux
termes duquel elle n'était responsable « d'aucun acte, erreur, négligence ou faute quelconque des pilotes, du capitaine, de l'équipage ou
autres employés de l'armateur dans l'administration ou la conduite
du navire ou autrement » ;

Attendu que sans contester la validité de cette clause, l'arrêt attaqué s'est fondé, pour prononcer contre la Compagnie Anglo-Arabian
la condamnation demandée par Assouad Frères, sur ce que cette
Compagnie ne faisait pas la preuve que les marchandises, dont e
paiement lui était réclamé, eussent été remises au capitaine du *Turkistan* et que leur disparition provint d'un des cas prévus par ladite
clause ;

Mais attendu que d'une part, le chargement à Bagdad, avec transbordement de la marchandise à Bassorah sur le *Turkistan*, était
attesté par le connaissement ; que d'autre part, le défaut de représen-
tation des marchandises est légalement imputable à ceux qui en ont
pris charge et, par suite, aux capitaines des navires qui en opèrent le
transport ; que la Compagnie Anglo-Arabian, qui avait stipulé qu'elle
ne répondrait pas des fautes du capitaine et de l'équipage, n'avait
donc, dans l'espèce, aucune preuve à faire ; *qu'elle ne pouvait être
rendue responsable que s'il avait été établi contre elle que la perte
des balles de laine provenait d'un fait qui lui était personnellement
imputable ;*

Attendu dès lors, qu'en statuant, comme il l'a fait, l'arrêt attaqué a
violé les articles ci-dessus visés ;

Par ces motifs, et sans qu'il soit besoin de statuer sur le deuxième
moyen,

Casse. »

Du 2 Janvier 1901. — *Prés.*, M. BALLOT-BEAUPRÉ, premier président.
— *Rapport.*, M. DURAND. — *Avoc. gén.*, M. SARRUT (concl. contraires).
— *Avocats :* Mᵉˢ GOSSET et SABATIER.

ANNEXE IX

COUR DE CASSATION (Chambre des Requêtes)

30 Novembre 1903

Assurances sur facultés. — Police flottante. — Marchandises. — Transports. — Conditions de la police. — Avenant. — Inobservations. — Exclusion de l'assurance. — Police flottante. — Clause. — Pontée. — Prime double. — Déclaration d'aliment. — Prime simple. — Chargement sur le pont. — Jet à la mer. — Assureurs. — Irresponsabilité.

Navire *Lakmé.*

Dans une assurance sur facultés par police flottante, les marchandises transportées dans des conditions autres que celles prévues dans la police et déclarées par l'assuré se trouvent virtuellement exclues de l'assurance.

Ainsi, lorsque la police flottante prévoit une prime double pour la pontée, si l'assuré a fait une déclaration d'aliment à prime simple, ne permettant pas aux assureurs de prévoir le risque spécial auquel les marchandises allaient être exposées et qu'elles aient été chargées sur le pont, les assureurs ne sont pas responsables du jet à la mer de ces marchandises effectué pour alléger le navire.

Guyet et Stinville contre Compagnie La Centrale et autres.

Arrêt :

« La Cour,

« Sur le moyen unique pris de la violation des articles 1134 du Code Civil et 348 du Code de Commerce des dispositions de la police d'assurance maritime du 7 décembre 1895, notamment des articles 5 et 11, ainsi que des clauses et conditions manuscrites de la police, de l'article 18 du connaissement et de l'article 7 de la loi du 20 avril 1810 :

« Attendu qu'aux termes d'une police flottante en date du 7 décembre 1895, les demandeurs en cassation ont fait assurer pour une année à partir du 1er janvier 1896 et jusqu'à concurrence de 100.000 francs tous les fûts et liquides en fûts qu'ils chargeraient sur des navires allant des ports de la Méditerranée en France et réciproquement, que la prime était fixée à 1 1/2 % pour les marchandises provenant d'Algérie et qu'en cas de chargement sur le pont elle devait être portée au double ;

« Attendu que dans un avenant du 18 novembre 1896, Guyet et

Stinville déclarèrent avoir chargé à Oran sur le vapeur *Lakmé* à destination de Rouen, 74 fûts de vin d'une valeur de 13.320 francs à la prime de 1 1/2 % ; que, bien que cette déclaration ne permît point aux assureurs de supposer que la marchandise allait être exposée à un risque spécial, les fûts avaient été néanmoins placés sur le pont et qu'une partie d'entre eux ayant dû être sacrifiée pour alléger le *Lakmé*, lorsqu'il s'échoua à son entrée en Seine, les Compagnies d'assurances refusèrent de payer ;

« Attendu que la Cour de Paris, statuant par interprétation des clauses de la police, a pu décider que la déclaration d'aliment à la prime de 1 1/2 % impliquait nécessairement pour les assureurs que la marchandise avait été, comme d'ordinaire, embarquée dans la cale et que les 74 fûts chargés sur le pont l'ayant été dans des conditions autres que celles prévues au contrat, s'étaient trouvés virtuellement exclus de l'assurance ;

« Que, sans examiner si, dans le cas contraire, l'assurance n'aurait pas été nulle pour cause de réticence, l'arrêt attaqué, dûment motivé n'a, en conséquence, voilé aucun des articles susvisés ;

« Par ces motifs :

« Rejette le pourvoi formé contre l'arrêt de la Cour d'appel de Paris du 11 avril 1902.

Président : M. TANON. — M. LETELLIER, *Rapporteur.* — M. FEUIL-LOLEY, *Avocat général.* — Me AIGUILLON, *Avocat.*

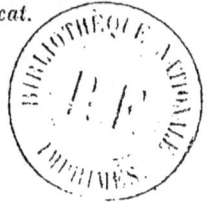

TABLE DES MATIÈRES

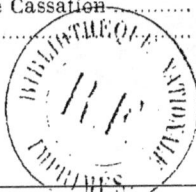

www.ingramcontent.com/pod-product-compliance
Lightning Source LLC
Chambersburg PA
CBHW071109210326
41519CB00020B/6238